野村万蔵の狂言へござれ

野村万蔵

淡交社

末広《すえひろ》がり《がり》

▼〇二四頁

太郎《たろう》冠者《かじゃ》よ、もう失敗は気にするな。
一所懸命、それが一番。

清水《しみず》

▼〇三二頁

鬼と変わった太郎冠者。
日頃の鬱憤《うっぷん》
晴らしとう御座る。

そちも一緒に
「でんでんむし」で
浮かれようではないか。

蝸牛《かぎゅう》

▼〇四〇頁

八句連歌《はちくれんが》

▼〇四八頁

仲間の篤《あつ》い恩情と
桜舞い散る春の風。

宗論《しゅうろん》

▼〇五六頁

「日蓮宗に改宗せえ」
「戯《たわ》け、そなたが浄土宗に改宗せえ」

蚊相撲《かずもう》

▼〇六四頁

我こそは江州守山に住む蚊の精でござる。

奈須与市語《なすのよいちがたり》

▼〇七二頁

与市よ、この扇を射抜いてみよ。

通円《つうえん》

▼〇八〇頁

茶を点《た》て続けて点て死にした、
哀れな茶人・通円殿。

「エイエイ、やっとな！」

二人袴《ふたりばかま》

▼〇八八頁

釣狐《つりぎつね》

▼〇九六頁

狐の執心の
恐ろしい物語。
ようお聞きやれ。

花子《はなご》

▼一〇四頁

花子がはめてたぞ。
太郎冠者よ、
嬉しく思え。

降るわ降るわ。
真っ黒になって降る。

木六駄《きろくだ》

▼一一二頁

三番叟《さんばそう》

▼一二〇頁

この色の黒い尉《じょう》が
今日の三番叟。
千秋万歳舞いおさみょう。

目次

※各演目名は、野村万蔵家の表記や読み方に添っています。
※本書は月刊『なごみ』2015年連載「野村万蔵の狂言連続講座」と2014年1月号掲載「今、華のひと」の対談をもとに加筆修正・再編集してまとめたものです。

はじめに

はじめまして、和泉流狂言師《いずみりゅうきょうげんし》の野村万蔵《まんぞう》です。

この本を手に取ってくださったあなたは、きっと狂言に興味をお持ちだと思います。しかし、今まで一度も狂言を見たことがない方は「能と同じなのかな?」「難しいのかな?」と、色々なイメージで狂言を捉えているのではないでしょうか。

狂言というのは、我々の祖先が、たくさんの苦難を乗り越えて今まで絶えることなくずっとつなげてきた——狂言師の私が言うのもなんですが、「日本の宝」の一つです。人間は、生きるために食べたり寝たりしますが、それだけでは味気ないただの動物になってしまいますよね。笑ったり、泣いたり、感動することで人生が豊かになり、また、そういうものを人と共有することによって、家族や仲間、国、大きく言えば世界という、それを共有できる場が大事になるんだと思います。そういった人生を豊かにするものとしての役割を狂言も担っています。

……なんて言っていると、どんどん敷居が高くなってしまいますから、表に見える部分はなるべくわかりやすく、見ている方が皆で笑って感動できるものをお届けできるように、と思って演《や》っています。

今の時代、ワイドショーを見ればバッシングだらけで、少しでも失敗するとものすごく責め立てられる風潮がありますよね。でも失敗や間違いをしない完璧な人間なんているはずがありません。狂言ではそんな人の欠点ですら、笑いを通して許し、話し合って共存していく。「狂言は和楽《わらく》の世界」と言われるように、「なごむ」ことができるものです。嫌なことがあっても忘れられる、人を許し、愛すことができる。それが狂言の持っているパワーだと思います。

この本では、十三の狂言の演目を取り上げています。季節や登場人物のバリエーションを考えて選びましたので、わかりやすい演目はもちろん、普通の入門書よりも渋い演目や、能と関係が深い厳かな内容のものも解説しています。初心者の方には少し難しいものもあるかもしれませんが、逆に狂言の奥深かさや、幅の広さをわかっていただけると思います。

狂言の細かな特徴や見どころは、それぞれの演目を解説しながら紹介していきますので、ウォーミングアップとして、まずは狂言全体に関する素朴な疑問にお答えします。

Q1
狂言と能はどう違うのですか？ それぞれの特徴は？

よく勘違いされている方が多いのですが、「能楽《のうがく》」という言葉には「能」と「狂言」の両方が含まれています。ですからこの二つはセットで、基本的には能と狂言は一緒に上演されます。

両者がどう違うかをひとことで表すと、能と狂言は「表裏一体」の芸能だと言えます。

能のお話は、皆さんがイメージする通り、真面目で厳かです。出てくるのは、身分の高い人や威厳のある神様で、これらを面をつけた人が謡《うた》い舞って演じる音楽劇です。確かに能は多少時代背景の知識などがないと、なかなかすぐに理解できる世界ではないかもしれません。

では、狂言はどうかと言いますと「表裏」の「裏」、つまり能とは百八十度逆だと考えてください。先ほどの言葉をすべて反対にしてみましょう。狂言はふざけた楽観的な話で、出てくるのは庶民や人間臭い神様。音楽がほとんどないなか、素顔で演じられる台詞《せりふ》劇です。例えば能にお医者さんが出てくれば、誰も治せない難病から救ってくれますが、狂言ではその人が治療するとどんどん病状が悪化して、ほかの人にも伝染していく、という感じです。

同じ物事でも、見方によってまったく違って見える、これが能と狂言の関係です。

Q2 見る前に「これを知っているといい」ということはありますか？

狂言は台詞劇ですから、台詞が理解できれば、より楽しめると思います。狂言の役者が出す声は、現代劇とは違い、その独特の節を「二字目おこし」といいます。これは単語の二文字目にアクセントをおくしゃべり方のことです。

たとえば、挨拶の「こんにちは」を二字目おこしにすると「こん⤴にちは」と「ん」にアクセントがきます。それだけで古典っぽい響きになりませんか？

台詞は二字目おこしでゆっくり大きな声で言いますから、慣れると日本語の美しさをより感じられるはずです。よくないのは、わからない言葉が出てきたときに「あれ？　今何て言った？」とこだわりすぎて「やっぱり難しいじゃないか！」と決めつけてしまうこと。そうすると、せっかく開きかけた扉もパタッと閉じてしまいます。「今のは私だけじゃなくて、皆わからなかったんだ。もしかしたら役者もわかってないかも」と諦めてさっと次にいってくださいね（笑）。

次に動きです。初めて観る方には狂言の動きはオーバーアクションに見えるかもしれませんが、少ない動きで何をしているのか想像してもらえるように誇張した表現になっています。

狂言を見るときは、わかる言葉を拾いつつ少しずつ台詞回しに慣れ、シンプルな動きを美しいと感じていただければ、いち早く和楽の世界に入っていけると思います。

Q3 狂言はどんな形で上演されていますか？

狂言は、能と一緒に能楽堂はじめ、文化会館などのホールや野外でも上演されます。よく驚かれるのが、能楽は、同じ場所で何公演もやって次は地方公演、という現代劇や歌舞伎のような公演形態をとっていないことです。能楽の公演は一日一カ所。二日連続はほぼありません。一回で終わり。ですから忙しい役者になると、毎日違う場所で違う演目をやることになります。

昔は「日数能《ひかずのう》」といって、一週間ほど同じ場所で上演していた歴史もありますが、今は「三番叟《さんばそう》」の入る「翁《おきな》」という演目以外は、毎日違うものをやります。室町時代の世阿弥《ぜあみ》の頃には、その日のお客さんの雰囲気を見て臨機応変にその場で演目を決めることもあったそうです。

狂言の役者は基本的には一門や一家というまとまりで動いていますが、バラにもなり、声を掛けられれば、さまざまなところで日ごとに違う人と演じています。

そういう一回きりのことなので、今でしたらインターネットなどで情報を見ていただくか、能楽堂などの施設に置いてあるチラシを見て「面白そうだな」「わかりやすそうだな」と感じた催しから来ていただけると嬉しいです。能のない狂言だけの会も今はたくさんあります。狂言だけの会はまず難しいことはありませんから、ぜひ狂言会から来てみてください（笑）。

さて、ここまでで狂言がどんなものか少しはイメージしていただけたでしょうか。ここからは、実際の演目を見ながら、具体的に狂言の世界の魅力を感じていっていただければと思います。

では、演目解説のスタートです。

狂言を知るための十三演目

各ジャンルの
代表的な演目のあらすじ、
見どころを解説します!

末広かり

すえひろがり

果報者　野村万蔵／太郎冠者　河野佑紀

見どころはココ

格式ある演目

狂言は、室町時代から能とともに生きてきました。江戸時代の正式な番組は能と狂言を交互に演じる「五番立《ごばんだて》」でしたが、その最初に演じられる能・狂言を「ワキ能」「ワキ狂言」と呼び、ワキ狂言のなかでも代表的なものが、この「末広かり」です。シテ（主役）の果報者《かほうもの》が、冒頭で「**めでたいお正月でござる**」と言うのですから、正月限定のおめでたい狂言なんですね。

狂言の主人公というと、普通は召し使いの「太郎《たろう》冠者《かじゃ》」が思い浮かびますが、この演目では、主人の果報者が主人公です。果報者は一番台詞《せりふ》が少ないのですが、ひと昔前までは、その家の当主格しか演じてはならぬとされた役柄で、そのことからも「末広かり」が格式を重んじた演目であることがわかります。では一体どんな物語なのか、解説を進めましょう。

ちなみに「末広かり」と書いて「すえひろがり」と読みますので、誤記ではありません。

あらすじ を見てみましょう

太郎冠者、使いを頼まれる

人格者の果報者が召し使いの太郎冠者を呼び、「毎年の恒例で正月に人を集めて会を催すので、引き出物として配る**末広がり（扇）を都で買い求めてこい**」と指示します。太郎冠者は「畏《かしこ》まってござる」と言ったものの、実は末広がりが一体何かわからないまま、都へ出かけてしまいます。

太郎冠者の勘違い

ここから失敗談が始まります。太郎冠者は都で「**末広がりを売ってくださーい**」と言いながら探すのですが、「生き馬の目を抜く」という言葉がある通り、そんな太郎冠者に目をつけた「すっぱ（詐欺師）」が現れ「自分は末広がり屋の主人だ」と嘘をついて、古い傘を「これが末広がりだ」と偽り、

↑ シテである果報者が、冒頭で自ら名乗る場面

かなりの高額で売りつけます。

でも、なぜ太郎冠者はいとも簡単に騙されたのでしょうか。実は太郎冠者は、末広がりを購入するにあたって、果報者から以下の好みを提示されていました。それは「①地紙よう、②骨に磨きをあて、③要《かなめ》しっととして、④戯絵《ざれえ》ざっとした」もの、つまり**❶紙が良くて、❷骨がピカピカに磨いてあって、❸要はしっかりして、❹当世風の絵が軽いタッチで描かれた**末広がりを選んでこい、と。これを覚えていた太郎冠者は、忘れずに四つのポイントをすっぱに提示します。

するとすっぱは**❶傘の紙を扇の紙に見立て、❷傘には骨もあり、❸同じく要の部分もある**のだから、傘を末広がりだと言葉巧みに説明します。でも、傘に絵は描いてありませんから、戯絵の説明で困ってしまった。そこですっぱは、**❹「絵」ではなく傘の「柄《え》」**だといい、傘の柄で猫をじゃらすかのように太郎冠者の顔をじゃらして、これが「ざ（じゃ）れ柄」だ、と苦しい説明をします。でもバカ正直な太郎冠者は「これはぴたりと合いました」とまんまと騙されてしまうのです。

帰ると当然、主人の果報者に怒られることになるんですが、この狂言のいいところは、帰りがけにすっぱが太郎冠者をわざわざ呼び止めて、「**おまえは面白いやつだから、おまけを添え**

てあげよう。総じて御主人様というのは機嫌の良いときと悪いときがあるから、悪いときに機嫌を直す方法を教えてやろう」と、傘を使った囃子《はやし》歌を教えるんですね。これが後半の大事なポイントになってきます。

太郎冠者、傘を持って帰宅

さて、主人のもとに帰ってきた太郎冠者は、早速主人に「末広がりを買ってきた」と傘を渡しますが、果報者は一体何のことだかわかりません。しまいには「早く末広がりを見せろ！」と傘を捨ててしまいます。それでも太郎冠者は、すっぱに言われた通りに、紙と骨と要の説明を（しかも得意げに）やってみせ、最後には下の写真のように、傘の柄で果報者の顔を「ざれ柄」するわけです。とうとう腹を立てた果報者。「**末広がりとは扇のことだ、このうつけ！**」と烈火のごとく怒ります。

↑主人の果報者に、傘の柄を突き出す太郎冠者

そこで初めて太郎冠者は騙されていたことに気づくんですね。実は普通の扇（鎮《しず》め扇）に対して、末の大きく開いた扇が末広がりなんです。末広がりは室町時代頃に改良された新種の扇のこと（次頁参照）だったので、太郎冠者が知らなかったのも無理はないんですよね。

主人としては、新種の扇の末広がりが流行《はや》っているらしいから、お正月の引き出物用に求めてこいと言ったんだけど、太郎冠者は知らなかった。で、間違えちゃった。

主人の機嫌を良くする魔法

果報者の逆鱗《げきりん》にふれてしまった太郎冠者は、さあどうしたか。「そうだ、こんなときのために、すっぱがおまけを教えてくれたじゃないか」と思い出し、「〽**傘をさすなる春日山。これも神の誓い（紙の違い）とて、人が傘をさすなら、われも傘をさそうよ、げにもさあり……**」とすっぱに教わった通りに傘を広げ、リズムに乗って歌い出すんですね。

傘をさしたように山裾《やますそ》がスーッと美しい奈良の春日山。今でいうなら、富士山世界一、みたいなイメージでしょうか。春日大明神が雨や日照りから人々を守る傘を貸してあげよう。傘を広げた形は末広がりになって実にめでたい――こんな意味の歌を繰り返し歌う。

遠くから聞こえてくるその歌に耳を傾ける果報者。よく聞いてみると面白そうだと思いつつも「いかん、あいつは許せない」と踏みとどまる。でも囃子に乗った歌を聞くうちにどんどん機嫌が良くなって、とうとう最後には太郎冠者を呼び出し、「**おまえが騙されたのはとっても腹が立つけど、この歌は大変に愉快だ。**家へ入って、鰌《どじょう》の寿司をほおばって、清酒を好き放題飲みなさい」と言って賑やかに一件落着。こんなお話です。

見どころをあげるとすれば、腹を立てていた果報者が徐々に浮かれて太郎冠者を許してしまう場面ですね。最後に二人が和合して、果報者の後ろに傘をさした太郎冠者が控え、果報者が「**いいや！**」と声をあげ、ピシッと型を決めて終わる（2頁口絵）。この動から静への転換が実に爽やかで、見ていてとてもスカッとします。

勘違いが笑いを誘う、よくできたお話です。主人の果報者が、自分の部下の失敗に腹を立てるけれども、詐欺師のちょっとした人の良さと太郎冠者の懸命さから、よりめでたさ

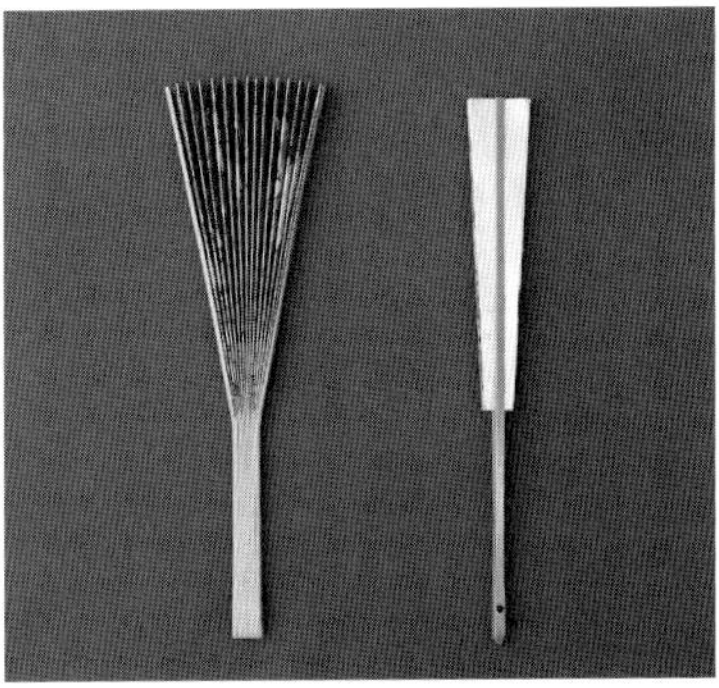

↑末広がり（左）と鎮め扇（右）

が広がる。「末広かり」という演目名も祝言《しゅうげん》性に富んでおり、狂言の基本のいろはの「い」が、この演目に詰まっているといってもいいでしょう。

演者の眼 第一声が難しい

シテ（果報者）に焦点をあてれば、演目の初めに舞台の真ん中で「**大果報の者**」と名乗るところ（25頁写真）、ここが一番難しい。つまり「**私は大人物**」と言っているわけなので、まわりに納得してもらえるだけの余裕や風格が備わっていないとダメ。居るだけで格がある、声を出したら、なお奥行きがある。観ている人にそう感じてもらわないといけません。

最近は、八十代の父（野村萬《まん》）が果報者を、私がすっぱを、若い弟子や長男（野村虎之介改メ六世野村万之丞《まんのじょう》）が太郎冠者をやる。この「老・壮・青」のバランスがとてもいいんですね。

太郎冠者を騙したすっぱも、きっと最後はお金を半分は返したんじゃないかな、と観た人に思ってもらえるような、失敗も正月のめでたさで吹き飛んでしまうようなアンサンブル。そんな感じがにじみ出てくれば、良い舞台といえるでしょう。

狂言小話

扇《おうぎ》は刀《かたな》

狂言師にとって扇は、舞を舞うときはもちろん、お箸からのこぎりに至るまで、見立ての小道具として使用します。舞台中、使用していた小道具が壊れた際に扇で代用することもあり、まさに演者にとっては必要不可欠なものです。

流儀によって扇の形や骨の太さが異なり、大切に扱うよう指導されます。私も若い頃に扇を床にポンと置いたら、父に「扇をそんなところに置くんじゃない！」と怒られました。怒られついでに言うと、舞台上でも稽古でも怒られるときは扇ではたかれます（笑）。

扇は左腰に差し、抜いた後は自分の右横に置きます。実はこれ、刀を扱うのと同じ所作なんです。右に置くのは「刀を鞘《さや》から抜きませんよ」という意思表示です。江戸時代に武士の身分を与えられていた能楽師。その「武士道」の精神が今も受け継がれていることが、扇の扱い一つとってもわかります。

つまり、武士でもあった能楽師にとって扇は刀。そう思っていただければ、扇という道具の重要性がわかりますね。

二

清水《しみず》

太郎冠者　野村万蔵

見どころはココ

今も愛される名作

話の筋も大変わかりやすく、いかにも太郎冠者らしい演目といえるのがこの「清水」です。数年前に雑誌『能楽タイムス』でその年一年間の演目を集計したところ、「清水」の**上演回数が一番**だったと記憶しています。このことからも、今もなお多くの人に愛されている名作だといえるでしょう。

人遣いの荒い主人が、召し使いの太郎冠者に茶会で使う水を汲んでくるよう命じるところから話が始まります。昨今、角界を賑わせているモンゴル人力士逸ノ城《いちのじょう》は、若いときに毎日何往復も水汲みをして忍耐力を培ったそうですが、太郎冠者にはそこまでの忍耐力はありません。不真面目だからむしろ水汲みをさぼりたいんですね。「**どうやってさぼろうか**」と悪知恵を働かせるところから物語は展開していきます。

あらすじを見てみましょう

ナマケモノの太郎冠者に水汲みのお使い

茶の湯に凝《こ》っている主人が太郎冠者を呼び出し、「明日茶会を催すから野中の清水を汲んでこい」と命じます。行きたくない太郎冠者は「次郎冠者に行かせればいいじゃないですか」と言葉を返しますが、主人が聞き入れるはずもなく、とにかく行ってこいの一点張り。太郎冠者は渋々その言いつけに従います。主人は秘蔵の桶を手渡し、水の汲み方を(偉そうに)指示します。「水を汲むときは、まず水面の木の葉を掻き除《の》けよ。底のほうを汲むと砂埃が立つから、ちょうど真ん中のキレイな部分を汲んでこい」と。

「それくらいのことは知っています」と口答えする太郎冠者ですが、このままやすやすと用事を仰せつかっては、必ず次も自分が水汲みを言いつけられると、清水に行かなくて済む理由を考えます。そして「清水に行ったら鬼が出たから、逃げてきた」という話を思いつくんですね。

仕事をサボるために太郎冠者がついた嘘

「のう恐ろしや。あー、痛い痛い痛い!」太郎冠者は主人の家の玄関で大騒ぎをします。そして「**清水に行ったら鬼が出たので逃げてきました！**　後ろから追いかけてくるので鬼に手桶を投げましたら、**ガリリガリリ**と手桶を噛み砕いている音がしました。恐らく手桶は鬼に食べられてしまいました」と主人に言います。

主人は不思議に思います。というのも、清水に鬼が出たなど今まで聞いたこともないからです。そこで自らの目で確かめようと清水に行こうとします。太郎冠者はそれを引き止めますが、主人は制止を振り切って清水へ行ってしまいます。

ここで太郎冠者は次なる手を考えます。それは自分が鬼になって主人を脅し、本当に鬼が出たと信じ込ませようという案でした。太郎冠者は鬼の面（武悪《ぶあく》）をつけ、主人よりも先に、急いで清水に向かいます。

上手く先回りした太郎冠者は、主人を見つけて「**取って噛もう（取って食べるぞ）！**」と脅します。主人は驚き、土下座して「命だけは助けてください」と命乞いをするんですね。ここでやめておけばいいものを、太郎冠者は調子に乗って「**太郎冠者は心優しいやつなのに、おまえは人遣いが荒い、もっと優しくしてやれ**」と自分の待遇を改善するよう要求します。「太郎冠者は酒が大好きだから、夏なら『冷《ひや》』で、冬なら『燗《かん》』で飲ませてやれ」「夏になったら蚊《か》帳《や》を吊って寝させてやれ」と、どんどん要求がエスカレートしていくんですね。そうしないと

「取って噛もう！」と。

主人に要求を呑ませた太郎冠者は、鬼に扮《ふん》していることがばれては困りますから、土下座している主人に対して、鬼が帰っていく姿を見るなよと言いつけます。「**見るなよ**」「**見ません**」とやりとりが続きますが、主人も見たいものだから「見ません」と言いながらチラッと覗き見る（下写真）。それに気づいた鬼の太郎冠者は、「見たな！　取って噛むぞ！」と言ってさらに脅すんですね。さんざん脅した末に、太郎冠者はまんまと帰っていくのです。

清水から帰る主人とツメの甘い太郎冠者

青ざめた顔で帰途についた主人は、家路の途中で迎えにきた「フリ」の太郎冠者と出会います。「おまえの言った通り鬼が出たが、もしかしておまえは鬼に親戚でもいるのか？　おまえのことをすごく贔屓《ひいき》していたぞ」と主人。悪知恵が働

↑ 主人に「見るなよ」と凄む鬼（実は太郎冠者）

く太郎冠者は「先祖があの清水で投身自殺したという話を聞いたことがあります。その霊が、今の私を哀れんでご主人様の前に出て私のことを心配してくれたのではないでしょうか」と適当な嘘をつくんですね。

そのとき、主人がふと「おまえが清水に行ったとき、鬼はどんなふうに出てきたか」と尋ねます。得意になった太郎冠者は、その様子を話すうちに**「取って噛もう!」**と本当に鬼を演じていたときの声色を出してしまいます。

「あれ? 聞き覚えがある声じゃないか。**まさか太郎冠者が……」**と勘づいた主人。「しまった!」と太郎冠者。主人は真相を突き止めようと「もう一度、『取って噛もう』と言ってみよ」と命じます。太郎冠者は小さな声で「取って噛もう」と言ってごまかします。何度言ってもごまかす太郎冠者に、主人はとうとう刀の柄《つか》に手をかけて、「おまえ、言わないのか!」と脅します。どうしようもなくなった太郎冠者は、大

↑ 自分が鬼だとばれてしまう! 苦悶の表情の太郎冠者

きな声で「取って噛もう！」と言ってしまいます。

主人、再び清水へ

これで確信した主人は、再度鬼に会うために清水に向かいます（前頁写真）。仕方なく太郎冠者は、もう一度鬼に変身し、先回りして「取って噛もう！」と脅しますが、通用するわけがありません。

主人が鬼の面を引っ剝《ぺ》がし、鬼が太郎冠者だったことがばれてしまうんですね（下写真）。「ご赦《ゆる》されませ」と言いながら逃げる太郎冠者を「やるまいぞやるまいぞ」と主人が追いかける、というお話です。

上司と部下、師匠と弟子、親と子。現代の私たちも共感できるお話ですね。太郎冠者は、誰にでもある「怠惰な心」を愛嬌をもって表現します。映画『男はつらいよ』の寅さんや『釣りバカ日誌』のハマちゃんにも共通する憎めなさや人間臭さ

↑ 主人に変装がばれて、窮地の太郎冠者

が、「清水」の太郎冠者にはあるように思います。目線を変えれば、労働者への賛歌でもあり、労働者の悲哀と明るさに満ちた作品ともいえるでしょう。

演者の眼 舞台の水溜り

初めて「清水」を演じるときは、まず主人の役が与えられます。私が初めて主人を演じたとき、太郎冠者は父でした。舞台上では自分が主人となって父に命令するのですが、実際は父の手のひらの上で転がされているような感覚でしたね。試されているのがわかっていたので、一心不乱に主人を演じたことを覚えています。

若いときは、鬼の前で土下座しているときに大汗をかいて、顔の下に必ず汗の水溜りができました。そのあと立ち上がって歩くときに長袴《ながばかま》で雑巾のように水溜りを拭いてしまうんですね。とにかく暑くてつらかったという思い出が、この演目にはあります（笑）。

主人が土下座しての「見るなよ」「見ません」というやりとりは、何回するかは決まっていません。これを「見計《はか》らい」といいます。決まりごとの多い狂言ですが、臨機応変に演じる部分も結構あるんですよ。

狂言小話

狂言面《きょうげんめん》

面といえば能面のイメージが強いですが、狂言でも面は使用します。ただ能面よりも種類は少なく、人間の表情を愛らしくデフォルメした面が多いといえます。

「清水」で使用する武悪面は使用頻度が高く、狂言面の代表といってもいいでしょう。一見怖そうですが、角度を変えれば笑っているようにも見えます。閻魔《えんま》大王や雷様を演じるときにも使用しますが、どちらかというと、観客の同情を誘う、滑稽な鬼に仕立てることが多いように思います。武悪面は瞳の穴と鼻の穴が大きいので、視界は良好です。面は小さいほうが見づらいんですね。能の「小面《こおもて》」は瞳の穴も小さくて本当にまわりが見えません（笑）。一方「蝉丸《せみまる》」は盲目の面ですが、横一文字に穴が入っていてワイドに視界が開けているので、逆に見やすかったりします。

奈良時代に日本へ入ってきた伎楽面《ぎがくめん》が、能面や狂言面となって今でも脈々と受け継がれ、狂言師の家でも、面は先祖代々大切に扱われています。

三 蝸牛《かぎゅう》

山伏　野村万蔵／太郎冠者　河野佑紀

見どころはココ

昔から伝わる「リズムネタ」

狂言では、大名や山伏《やまぶし》が登場すると、決まって何か失敗します。例えば威張った山伏が祈禱《きとう》をするとかえって状態が悪化するなど、演目のなかに風刺が内包されているものがほとんどですが、この「蝸牛」は特殊で、山伏は登場しますが風刺はなく、狂言ならではの「和楽《わらく》の世界」を表現しています。

前半には山伏を蝸牛（＝かたつむり）と勘違いする笑いを伴った芝居があり、後半は「〽**でんでんむしむし**」と繰り返し歌って踊る舞歌《ぶが》を取り入れています。

最近、お笑いタレントがリズムに乗ってネタを繰り広げる「**リズムネタ**」が流行っていますが、実は大昔から日本人は、リズムに乗って体を動かすことが大好きでした。「でんでんむしむし」と繰り返し唱えながら舞い踊るこの狂言を観れば、そのことが一目瞭然でしょう。

あらすじを見てみましょう

かたつむりを取ってくるよう命じられる太郎冠者

まず最初に修行を終えた山伏が登場します。自宅に帰る途中ですが、早起きしたものだから眠たくてしょうがない。どこかでひと休みしようと考え、ちょうど竹藪《たけやぶ》があったので、そのなかに分け入って横になります。

舞台の隅で山伏が寝ていると、今度は同じ舞台上に太郎冠者と主人が出てきます。これは狂言にはよくあることで、同じ舞台上でもそれぞれ場面設定は違うので、山伏はいるけれどいないというややこしい状態です。気をつけてください。

さて、主人には長寿のおじいさんがいるのですが、より長生きしてもらおうと「かたつむり」を差し上げることになりました。当時、かたつむりを煎じて飲むと長寿になると信じられていました。主人は家来の太郎冠者を呼んで、かたつむりを取ってくるよう命じます。しかし太郎冠者は**かたつむりを知りません。**そこで主人は、かたつむりの特徴を**①藪のなかにいて、②頭の先が黒くて、③腰のあたりに大きな貝があって、④ときどき角《つの》を出すもの、**と教えます。さらに**⑤長生きしたかたつむりには人間ほどの大きさのものもいるらしい**と付け加えます。

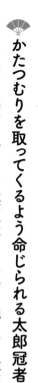

す。「末広かり」（24頁）の流れに似ていますね。

太郎冠者、かたつむり探しに出発

すべての特徴を覚えた太郎冠者は早速藪のなかへ分け入り、そこに寝ている山伏を見つけます。「すみません。不躾《ぶしつけ》ですが、**あなたはかたつむり殿ではござらぬか**」（下写真）。太郎冠者は山伏のかぶっている黒い兜布《ときん》を見て、頭の先が黒いかたつむりだと勘違いしたのです。

それを聞いた山伏は大笑い（次頁写真）。これは面白いと「**私はかたつむりだ**」と太郎冠者を騙しにかかります。貝はあるのかと問われれば、腰に付けたホラ貝を見せ、角を出せと言われれば、山伏の結袈裟《ゆいげさ》についている梵天《ぼんてん》を突き出し（44頁写真）、巧みに騙します。

まんまと騙された太郎冠者は、「あなたが必要なので、ぜひとも主人の家に来てください」と頼みますが、山伏は「か

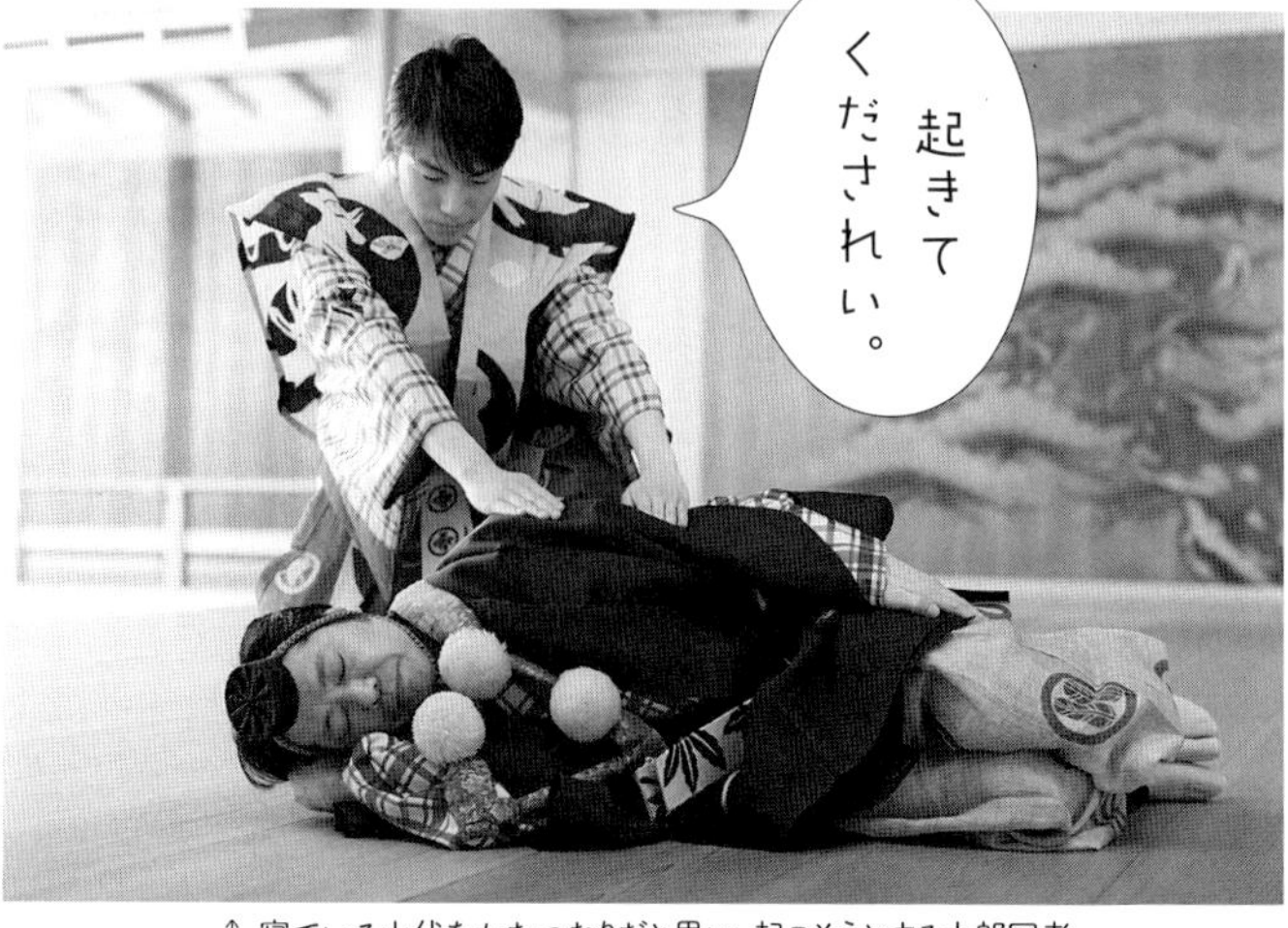

↑寝ている山伏をかたつむりだと思い、起こそうとする太郎冠者

たつむりは今巷《ちまた》で大流行しているから、君のところに行っている暇はない」と断ります。それでは困ると懇願する太郎冠者に**「では囃子ものに乗って行くなら良い」**と山伏は答えます。

山伏と太郎冠者のリズムネタ

さてここから「リズムネタ」のスタートです。山伏の説明のあと「**〽雨も風も吹かぬに、でざかま打ち割ろう、でざかま打ち割ろう**」と太郎冠者が囃す。すると山伏は「**〽でんでんむしむし、でんでんむしむし**」と歌う。これを繰り返しながら、楽しく主人の屋敷に行こうじゃないかと提案します。

太郎冠者の囃し言葉は「雨も風も吹かないのに（殻から）出てこないのならば、殻を打ち割るぞ」の意味。子どもがかたつむりに向かって囃している童謡です。そのあとの「でん

↑ 自分をかたつむりと勘違いしている太郎冠者を笑う山伏

でんむしむし」は「出る出る虫虫」。つまり「出ますよ、今出ますよ」とかたつむりが答えているんですね。この掛け合いを繰り返すにつれ、二人のボルテージは上がっていきます。山伏は色々な面白い動きを舞い踊りながら、太郎冠者と楽しく盛り上がります。

心配して様子を見にきた主人

あまりに太郎冠者の帰りが遅いので、心配になって様子を見にきた主人は、途中で踊っている太郎冠者と山伏を見つけます。

「どうした」と主人が問うと「**今かたつむり殿をお連れしている最中です**」と答える太郎冠者。騙されていると気づいた主人は、太郎冠者を正気に戻そうと「そいつは山伏だ」と教えます。主人の言葉を聞いて我に返った太郎冠者。「お前は偽者だな」と山伏にきつくあたります。それでも山伏が

↑ 梵天を突き出し、角だと騙す山伏

「〽でーんでんむしむし」と楽しく囃し始めると、我に返ったのもつかの間、太郎冠者は、すぐにまた「〽雨も風も吹かぬに……」とリズムの世界に入ってしまいます。そのあとも、主人が太郎冠者を正気に戻す、山伏の歌につられてまた踊り出す、を繰り返します（下写真）。

最後の展開は流派や家によって違います。万蔵家では、山伏が念力を使って一瞬姿をくらまし、急に姿を現すや二人を突き飛ばして逃げてしまい、そのあとを主人と太郎冠者が追いかけるという展開です。一方、他流では、山伏と太郎冠者が舞い踊っているなかに、主人もつられて入ってしまうというパターン。最後は三人がリズムに乗って橋掛《はしが》かりへと消えていく「浮かれ込み」という方法をとります。このほうが最後までお客さんを巻き込んでいくことができます。

誰も傷つけない笑いであり、童心に返る楽しさもある。また観客も巻き込んで盛り上がる演目であることから、子ども

↑リズムに乗って楽しく舞い踊る山伏と太郎冠者

から大人まで楽しめる曲として有名です。数年前、美智子妃殿下の喜寿のお祝いに東宮御所にお招きいただいた際も、この蝸牛を披露しました。長寿もテーマになっているので、祝言性の高い演目といえるでしょう。

演者の眼 型を崩す

この演目は、山伏のリズム感と太郎冠者のノリ方が重要です。「〽でんでんむしむし」のリズムを速めたりゆるめたりして、太郎冠者が正気に戻りかけていくのを、またこちらへ誘い込む言い方、これが大変難しい。それに、太郎冠者を通してお客さんを巻き込んでいかないと、舞台の一体感は生まれません。

基本的な台詞や動きは教えてもらいますが、間《ま》や台詞の強弱などの細かい技術は、先輩たちの芸を盗みながら、自分にフィットするものを掴んでいかないといけません。つまり**基礎を学んだ上で型を崩す**技術が必要になってきます。華道や茶道でも同じように、崩し方にその人の個性が出ると思いますが、狂言でも演じる人によって面白さが違う。それこそが芸であるといえるでしょう。

「蝸牛」はよく出る演目ですから、色々な方の演技を見比べてみるのも面白いと思います。

狂言
小話

差《さ》し込《こ》み開《ひら》き

能狂言の基本的な動きに「差し込み開き」があります。具体的には、下の写真のように右手を前方に差し出しながら足を左、右と出します。そして左手を右手と揃え、両腕を大きく開きながら、足を右、左と引き、両腕をともに閉じて収束する。集中と解放。これが基本的な動作です。演技のなかで、例えば扇子を差し出す動作一つをとっても、この「差し込み開き」が基礎になっています。

狂言師は、日常生活でも箸を持ち直すときなどに自然と型が出てしまいます。逆に現代的な動きは、頭で考えないとできません。以前、南原清隆《なんばらきよたか》さんと社交ダンスをしたとき、体重移動のしかたが違うので困ってしまいました。普通、前に進んで止まるとき重心は前にいきますが、狂言師はどうしても後ろに重心を取るため、なかなか上手くいきません（笑）。

いずれにしてもまずは「型通り」にやる。それから自分の解釈を加え、制約のなかに自我を見つけていく。それがやがて、狂言師の個性になっていきます。

八句連歌《はちくれんが》

貧者　野村万蔵／貸し手　河野佑紀

見どころはココ

桜がテーマの秀逸な演目

「八句連歌」は、金を借りている貧者（シテ）と貸し手（アド）が桜舞い散る下で連歌、つまり句をやり取りするお話です。桜を愛でる日本人の心や、連歌という高尚な文化を扱っていることもあり、「春」をテーマとした狂言では**秀逸な演目**といえるでしょう。

連歌とは、和歌の五七五七七の上の句（長句）と下の句（短句）とを二人以上の詠み手で繋げていく中世に流行した遊びです。演者も自らの教養が試されますから、キャリアを積んだシテ・アドでないと成立しません。実際に**とても難しい演目**です。簡単にいえば借金のやりとりの話なのですが「早く金を返せよ」などと直接的に下世話な言い方はしないで、それぞれの句に内包された意味を互いに察し合いながらストーリーが展開していきます。ユニークな八句の応酬が行われ、最後には人情を感じさせる、とても心温まるお話です。

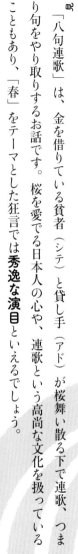

あらすじ を見てみましょう

連歌好きの貧者と貸し手

二人の連歌仲間がいて、一人は貧しくなってしまって、もう一人は裕福なまま人生を楽しんでいる。貧者は借金をしたその仲間にお金を返せないことがずっと心に引っかかっていた。そこで貸し手の家に直接謝りに行くのですが、相手は居留守を使ってごまかすんですね（下写真）。また借金をしにきたと思ったからです。そこで貧者は、謝罪の旨を言伝《ことづて》して立ち去るんですが、その帰り道、ふっと顔を上げると桜の花が満開で、「**咲きも残らず散りも始めず**」と独り言を漏らします。今まさに桜が満開だという意味です。その桜に、貧者は昔を思い出します。昔は桜が咲いたら皆で集まって、連歌を詠んで楽しんだ。しかし今では、季節の移ろいすら感じる余裕もなくなった。そんな情景のなかで貧者に一句（長句）

↑ 居留守を使われる貧者と貸し手

浮かびます。

❶「花盛り**御免《ごめん》なれかし**松の風」（花盛りだから松吹く風よ吹かないでくれ）。「御免なれかし」に「借金をして**ごめんなさい**」の意味が込められたその句を、貸し手の家に行って、再度言づけるんですね。そして貧者は帰っていく。

居留守を使っていた貸し手は、この句の意味を感じ取って貧者を家に迎え入れます。それで「御免なれかしという箇所が気にかかる」「この御免なれかしがいいんですよ」と、昔のように二人で連歌にふけっていくんです。

歌を詠み合う二人。その歌の意味するところは……

そして貸し手が前句を踏まえて脇（二番目の句）を詠みます。

❷「桜に**なせや**雨の浮き雲」（同じことなら空の雨雲を桜の花に変えてほしいものだ）。句中の「なせ」は「済《な》せ」で**貸した金を返せ**の意味です。また前句の「松」には「桜」、「風」には「雨」としっかり対句の表現になっており、非常に高度な一句だということがわかります。

するると今度は貧者が、

❸「いくたびも**霞《かすみ》にわびぬ**月の暮」（何度も月の霞む暮れを過ごすのはわびしい）。「霞」と「**貸す身**」

をかけて、貸す身に対して、借金をしている我が身の立場を詫びているんですね。

さて、どんどん連歌は続きます。今度は貸し手が、

❹「**恋せめかくる**入相《いりあい》の鐘」（夕暮れに鐘を聞くと恋心が募る）と詠みます。「恋せめかくる」は「**乞い責めかくる**」に掛けています。つまりはまた「貸した金を返せ」という催促です。貧者は「せわしない」と下の写真のように耳をふさいだリアクションをとります。ここも見どころですね。

そして次に貧者は、

❺「鶏《にわとり》もせめて別れは**のべて鳴け**」（朝を告げる鶏も別れを惜しんで遅く鳴いてくれ）。恋愛を詠んでいるように思えますが、実は「のべて」は**借金の日延べを求めているんですね**。よほどの教養がないと、アドリブでここまで考えることは普通できません（笑）。貧者といえど教養の高さがうかがえますね。

さあ六句目。

↑ 返済の要求に「せわしない」と耳をふさぐ貧者

❻「人目**もらさぬ**恋の関守《せきもり》」（恋の関守よ、人目に触れないよう秘密を守ってくれよ）。この「もらさぬ」で**借金を猶予《ゆうよ》しない**という意味を持たせています。

七句目で貧者が返します。ここは少しややこしいので頑張ってついてきてくださいね。

❼「名の立つに使い**なつけそ**忍び妻」（人目を忍ぶ恋人よ、評判になるから使いはくれるな）。ここで貸し手がひどく怒ります。それは「なーつけそ」とは「つけてくれるな」、つまり「借金という不名誉な名が立つから、使いをよこさないでほしい」という意味に取った。貸し手は「一度も使いの者をやったことなどないのに、借金している身分で何ごとか」と激高します。慌てた貧者は「つけそ」ではなく「告げそ」だと言います。「なー告げそ」なら「お使いよ、忍び妻のことは告げ口しないで」となります。つまり裏の意味は「借金をしていることが噂になってしまうと困るので言いふらさないでほしい」。これを聞いて、なんだそういうことだったのか、と貸し手は機嫌を直すんですね。

最後に貸し手が見せた計らい

そして、最後の八句目。貸し手は「今度はあなたの喜ぶ句だよ」と言って、

❽「**あまり慕《した》えば文《ふみ》を取らする**」（そんなに愛しいと言ってくれるのなら、文をあげましょう）。そ

う言って巻紙を貧者の前に投げる。貧者が巻紙を見ると、それは借状（借用書）だったんですね。「今日の連歌がとても楽しくできたから、あなたにご褒美をあげるよ」と。借状を渡す＝**借金をチャラにするよ**ということです。驚いた貧者が「お気持ちだけで」と借状を貸し手に返すと、「**受け取っとけ**」「**お返しします**」と押し問答が続きます（下写真）。現代でも見られる日本人らしいやりとりですよね。

最終的に借状を受け取った貧者。そして「やさしの人の心や／いつ馴れぬ花の姿の色あらはれて／この殿の借り物をゆるさるる／たぐひなの人の心や」と謡《うたい》を披露して貸し手の寛大な配慮に感謝し、最後に「よく来てくれた」と貸し手がねぎらいの言葉をかけて、貧者は帰っていく、というお話です。人間の大きさや優しさがにじみ出た秀作といえるでしょう。

ただ演者としても、申し訳ないと思いながら借状を受け取る、この貧者の気持ちを解さないといけない。微妙な感情を

そこまで断るのは嫌ということか。

↑ 借状のやりとりをする貸し手と貧者

舞台で表現するのは難しい。相当のキャリアを積まないと演じることができないのは、そのためです。

演者の眼 もてなしの心

この狂言は演者としても難しい分、よくできたときは口では言い表しがたい高揚感に包まれます。客席との一体感が生まれると、実は拍手ってあまり起こらないんですね。客席が演目の余韻に浸っている、その静寂のなか、橋掛かりに下がっていく。そんななかで幕が下りるひとときは、なんとも言えません。

こうした完璧な舞台を作り上げるには、借状を渡す後見《こうけん》や、橋掛かりの幕を上げる裏方との息もぴったりと合わなくてはいけません。幕をバサッと大きな音を立てて上げたりしてはぶち壊しです。日々修業しながら、だんだんとタイミングを習得していくんですね。うちの父の場合は幕を上げる合図などしませんから、間合いを察知することが必要になってきます。

後見役、幕を上げる人、装束《しょうぞく》をつける人。それぞれの技量の底上げが良い舞台を作ります。つまり演者を支え、「もてなす」心が裏方には必要なんですね。

狂言小話

肩衣《かたぎぬ》

狂言特有の装束で、かつインパクトもあるのが「肩衣」です。

肩衣とは袖なしの短い上衣のこと。背面には、風景はもちろんウサギなどの動物（下写真）や野菜が描いてあったりと、デザインはさまざまです。糊の効いたパリッとしたものもあれば、使い込んで古びたものもある。今回の「八句連歌」でいうと、貧者を演じるときには、派手なものよりも使い込んだ肩衣を着るほうがしっくりきますよね。また博打打《ばくち》ちの役を演じるときは、碁や将棋など勝負ごとを思わせる柄《がら》を着るなど工夫をします。

昔は絵師にデザインをお願いしていましたが、近頃は狂言師自身がデザインする場合もあります。ほかに昔の出物を買い求めてそのデザインを復刻したりとか、狂言師それぞれが工夫を凝らしていますね。私はカブとか瓢簞とか渋めの柄が好みです。どんな演目でも使いやすいですから。万蔵の名にちなんで「蔵」の絵を描いた肩衣を作るのもいいかもしれませんね。これからじっくり考えてみることにします。

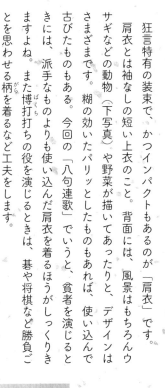

五 宗論《しゅうろん》

見どころはココ

浄土宗と日蓮宗の闘い

狂言には、僧侶の登場する演目が数多くありますが、なかでも「宗論」は**名曲の一つ**に数えられます。一般的に、お坊さんは悟りを開き、死者を成仏させる、庶民にとってはありがたく尊敬すべき人たちです。ですが風刺的要素をもつ狂言では、そのなかでも俗っぽかったり、間抜けなお坊さんに焦点をあてて、笑いの対象にしています。「宗論」には、**浄土宗《じょうどしゅう》の僧**（**浄土僧**）**と日蓮宗《にちれんしゅう》の僧**（**法華《ほっけ》僧**）が登場します。政治家が党内で派閥争いをするように、人は大きくは考えが同じであっても、細かい主義主張はそれぞれ異なります。細かいことに固執せず、多少の違いは「個性」として認め合えば、より良い人間関係を築くことができますよね。

現代でも些細なことでよく起こる小競《こぜ》り合い。互いの宗派の教義を主張する論争から始まり、やがて悟りに至る「宗論」は、自分を顧みる機会を与えてくれる、とても良い狂言です。

浄土僧　野村万蔵／法華僧　能村晶人

あらすじを見てみましょう

二人の僧の登場

登場するのは、浄土僧と法華僧の二人。旅の途中で二人の僧が偶然に出会います。僧侶同士ということもあり、道中一緒に旅をしようと話が盛り上がりますが、浄土僧は善光寺《ぜんこうじ》の参詣帰り、法華僧は身延山《みのぶさん》の参詣帰りでした。お互いどこに行ってきたのかを尋ねるうちに、それぞれの素性がわかってきます。今ではそんなことはありませんが、室町時代の浄土宗と日蓮宗は**犬猿の仲**でした。互いの宗派がわかると、二人の関係は一変します。

法華僧は「**こんなやつとは一緒にいられない**」と別行動をとろうとしますが、逆に浄土僧は「**いいカモがいた**」とばかりに、嫌がらせをしてやろうと、法華僧から離れません。

さて、ここで特筆すべきは、二人の僧のキャラクターが上手く描き分けられていること。それぞれの宗派をイメージしたかのように、法華僧は意固地《いこじ》で強情な性格に、一方の浄土僧は軽薄で柔軟な性格に描かれています。

浄土僧は「そもそも日蓮宗の教えが悪い」と、しつこく宗旨替えを勧めます。「宗祖法然上人より授かったこの数珠《じゅず》を頭上にありがたくいただいて、浄土宗に改宗しなさい」と数珠を使ってなぶってきます。法華僧も負けじと「これは日蓮上人から伝わった数珠である」と反撃を試みるものの、浄土僧の勢いにやられてしまい、自分の持っている笠で何とか防ぐ始末（次頁写真）。たまらず法華僧は宿屋を見つけてそこに逃げ込みますが、浄土僧はちゃっかり忍び込んでくる。結局一晩をともにすることになった二人は、部屋で宗論を始めます。それぞれが信じている宗派のどちらが正しいかを、勝ち負けで決めようとするのです。

宿屋で始まる勘違い宗論

まず法華僧が、法華経の法文「**五十**《ごじゅう》**展転**《てんでん》**随喜**《ずいき》**の功徳**《くどく》」について説きます。これは、法華経を聞いて随喜し歓喜する人は幸福を得ることができる、という意味ですが、法華僧は「随喜」を芋の「**芋茎**《ずいき》」と勘違いし、春に植えた芋を時期が来たら掘り起こして切って煮て、山椒をかけて食べるとあまりにおいしくて「随喜（芋茎）の涙」が出る、そういう意味だ、と間違った解釈を披露します。

これを聞いた浄土僧は「いつお釈迦様が芋茎汁を食べて喜んだのだ」と笑い飛ばします。次は浄土僧が、「一遍上人語録」にある「**一念**《いちねん》**弥陀仏**《みだぶつ》**即滅**《そくめつ》**無量罪**《むりょうざい》」について説きます。これは、ひとたび弥陀仏を念ずればどんな大きな罪でも滅する、という意味ですが、浄土僧は「無量罪」

を**無量（たくさんある）の「菜《さい》」**とこちらも勘違いして解釈しています。貧しい檀家さんのところでお経を読んでも、塩や山椒しか出ない。そんなときには目をきつく閉じて「一念弥陀仏即滅無量菜」「菜《ざい》、菜《ざい》、菜《ざい》」と唱えて目を開けると、何もないところに牛蒡《ごぼう》や椎茸《しいたけ》などたくさんの「菜」が現れる。それを「あるもの」として食べるとうまいんだ、と珍解釈を披露してしまう。

偉そうにお互いを批判するものの、肝心の自分たちの宗派の教えを理解していない。そんな宗論を闘わせたところで勝敗がつくわけもなく、お互いあきらめて寝てしまいます。

朝から読経バトル

翌朝、先に眼が覚めたのは浄土僧。お勤《つと》めの時刻になったので「**うにゃらうにゃら**」とお経を唱え始めます。狂言にはお経を唱える場面が数多くありますが、一番最初の部分だけ

↑「浄土宗に改宗しろ」と、
数珠を使って嫌がらせをする浄土僧

は、はっきりと「南無阿弥陀仏」などと真面目に唱え、あとは「うにゃらうにゃらうにゃら」とごまかして唱えて笑いを誘います。続いて起きた法華僧は、こちらも力強く「妙法蓮華経、**うじゃらうじゃら**」と唱え始めます。

数珠を擦《こす》りながら、顔を見合わせて朝から互いに激しくお経を唱え合い（6頁口絵）、ヒートアップした浄土僧は、やがて踊り念仏を始めます。浄土僧が踊りながらお経を唱えると、法華僧も負けじと踊り念仏に参加し、法華経を唱えます。「**なもうだ**（**南無阿弥陀仏の略**）」「**蓮華経**」「なもうだ」「蓮華経」と互いに踊りながら唱えるうちに、リズムもどんどん速くなり、二人ともわけがわからなくなってきます。そしてとうとう法華僧が「なもうだ」、浄土僧が「蓮華経」と、絶対口にしてはいけない相手の宗派のお経を唱えてしまいます。

「しまった」と苦い顔をする二人（下写真）。落語であればこれがオチと思いますが、この狂言が優れているのは、さら

↑「蓮華経」と発してしまい、
しまったと苦い顔をする浄土僧

に続きがあるところなのです。

名曲と呼ばれる所以《ゆえん》は最後の場面転換に

互いに相手の宗派のお経を唱えてしまった二人。ここで急に場面が転換し、舞台の中央に二人が揃って謡が始まります。「げに今思い出したり。昔在霊山名法華《しゃくざいりょうせんみょうほっけ》、今在西方名阿弥陀《こんざいさいほうみょうあみだ》」。昔法華と称した釈迦は、今は西方浄土にある阿弥陀である——つまり元は一緒だったではないかと二人は謡います。**悟りを開いた二人**は、互いに笠を合わせて融合します（下写真）。そして謡の最後、「今より後は二人の名を**妙阿弥陀《みょうあみだ》仏《ぶつ》**」、つまり二人合わせた名前となり、互いが一体になって終わるというお話です。

互いに相手のお経を唱えてしまったことで、逆に二人の僧は悟りを開くことができました。「宗論」が名曲と呼ばれる所以は、この最後の場面転換があるからこそなのです。

↑ 互いの笠を合わせて融合する2人

最近、大蔵流や和泉流の他家の方と「宗論」をする機会があり、「狂言も元は一つなんだ」とこの場面に重なる気持ちがしました。

演者の眼 まずは法華僧から

若いときには、まず剛健な法華僧の役に挑戦します。エネルギッシュなキャラクターなので、演じ手はかなり体力を消耗します。その後キャリアを積んで、今度は柔軟さを必要とするシテの浄土僧に挑みます。

私の祖父（六世万蔵）は、まず法華僧ができないようでは狂言師として大成しない、と言っていたそうです。いくら器用にソフトな浄土僧ができるようになっても、オーソドックスな剛者・法華僧ができないようでは、要は役者として線が細いということ。年をとっても強情者ができなくてはいけない、という祖父の教えは今も肝に命じています。

ちなみにこの「宗論」は、例えば私の父と叔父（野村万作）といった実力者同士で演じると、**両者がシテ**ともなり得る、大変見応えのあるものになります。このような狂言はそう多くはなく、「宗論」はその数少ないうちの一つといえるでしょう。

狂言小話

かぶり物

狂言は、演目によってかぶり物を必要とする場合があります。僧侶を演じるときは頭巾をかぶり、大名や侍は烏帽子《えぼし》、珍しいものでは、下の写真のように長い足が付いたタコ頭巾があります。

また、女性を演じる場合は、歌舞伎で用いるような銅製のカツラを装着することはなく、白い布を頭に巻くか、女性の長い髪の毛や馬の尻尾の毛を頭に載せて髪を結い、紐で縛って整えます。女役といっても歌舞伎のような化粧はしません。素顔のままで演じますから、自分でも最初は気持ち悪いなと思いました（笑）。

狂言は基本的に演者の髪型そのままで演じますから、違和感を感じさせない程度の髪型をキープしないといけません。パーマも絶対いけません。そんな髪型では太郎冠者を演じることができないからです。

昔、通っていた学校の先生に怒られて「明日から坊主にしてこい」と言われたときも、親が学校に「申し訳ないが職業柄坊主にはできない」と説明したおかげで、難を免れることができました。

六

蚊相撲《かずもう》

大名　野村万蔵／蚊の精　河野佑紀／太郎冠者　六世野村万之丞

見どころはココ

蚊の身体表現に注目

蚊といえば**デング熱**騒ぎが記憶に新しいですが、蚊は遠い昔から我々日本人を悩ませてきました。その蚊を擬人化して相撲《すもう》をとらせるのですから、なかなかユーモアのある着眼だと思います。相撲は、中世から武士の間で心身の鍛錬や戦闘の訓練として行われ、室町時代には一種の相撲ブームが起こっていました。狂言にも「蚊相撲」をはじめ「文相撲《ふずもう》」「唐人《とうじん》相撲」「鼻取《はなとり》相撲」などの演目があります。

「蚊相撲」の見どころは、7頁の口絵や68頁の写真のように、軽妙に跳んだり大名に煽《あお》がれ浮遊する**蚊の身体表現**でしょう。蚊はその羽音から虫偏に文（ぶん）と書くように、他流派では蚊を演じるときは「ぶーん」と声を発しますが、万蔵家では「**ぷーん**」と発します。あらすじも流派によって多少異なりますが、ここでは我々和泉流の「蚊相撲」をご紹介します。

あらすじを見てみましょう

新しい召し使いをスカウトに出かける太郎冠者

あるところにいつも威張っている大名がいました。とはいえ召し使いは太郎冠者たった一人しかいない小大名です。ある日、大名は太郎冠者を呼び出して、**新しい召し使い**（**新参の者**）**を雇いたい**と相談し、太郎冠者も賛成します。すると空威張りの大名は、召し使いを一気に八千人雇いたいと言いますが、残念ながらそのような財力はありません。太郎冠者にたしなめられ、結局採用するのは一名だけに減らします。オーバーなことを言って終始威張っている大名ですが、どこか憎めない様子が冒頭のやりとりから伝わってきます。

さて、新たな召し使いを探すよう指示を受けた太郎冠者は、利口そうな人物をスカウトするために街道に出向きます。

すると、変わった顔の人物が通りかかります（「**嘯吹**《うそふき》」という、口笛を吹くような、口をとがらせた顔の面をつけています）。その人物は「自分は**江州守山**《ごうしゅうもりやま》**に住む蚊の精**《せい》**でござる**」と名乗ります。江州とは今の滋賀県のこと。琵琶湖に近い守山に住んでいて、今日は京の都に、人間に交わって血を吸う目的で出てきているというのです。

太郎冠者は、蚊の精とは知らずに声をかけます。蚊の精は自分の出身地を答え、何か特技はあるかと質問されると「弓、毬《まり》、包丁、碁、双六《すごろく》、馬の伏せ起こし、やっと参った」と答えます。「弓は武術で毬は蹴鞠《けまり》、包丁は料理のこと。碁、双六の相手もでき、馬の伏せ起こしは馬術を意味します。「**やっと参った**」とは**相撲**を指す言葉です。適任がいたと喜んだ太郎冠者は、大名に仕えるよう薦め、蚊の精も快諾します。

蚊の精をスカウトして戻る太郎冠者

太郎冠者が新参の者（実は蚊の精）を連れてくると（下写真）、大名は新人になめられては困ると、「五十頭の馬を出して身体を洗っておけ」などと指示して虚勢を張り、太郎冠者もそれに応じるフリをします。

そのとき大名は、新参の者が変わった顔つきであることを心配しますが、太郎冠者が新参の者の特技をすべて伝えると

↑ 大名の前でひれ伏す
太郎冠者と新参の者（実は蚊の精）

ひと安心。大名が「一番の特技は何か」と問いかけると、新参の者は「相撲だ」と答えます。

それを聞いた大名は、相撲を一番とるよう新参の者に命じますが、「相手を用意してください」と返され、太郎冠者を推すものの「相撲をとったことがない」と拒まれたため、仕方なく**大名自らが相撲をとる**ことになります。

大名と蚊の精の相撲対決

さて、大名と新参の者の一番が始まります。太郎冠者を行《ぎょう》司《じ》に、大名が「**はっけよい残った**」とやると、水衣《みずごろも》を着た蚊の精は「ぷーん」と羽ばたきながら大名に近づき、隠し持っていた針を突き出して、大名をチクッと刺して血を吸います（下写真）。蚊の精に血を吸われた大名は立っていられず、ふらふらになったところを太郎冠者に助けられます。あっという間に負けてしまった大名。あんな相撲をとるやつは見たこ

↑ 蚊の精に刺される大名

とがない、と新参の者の素性を訪ねると「江州の守山から来た男です」と太郎冠者は答えます。すると大名は「**あいつは蚊の精だ**」と、その本性を見破るのです。

滋賀県の守山の方には失礼ですが、どうも守山は琵琶湖近くの湿地帯だったため、当時は蚊所だと認識されていたようです。また葦《あし》がよく繁り、蚊帳の名産地だったこともあって、蚊のイメージが強かったのかもしれません。

ともかくも新参の者が蚊の精だと見破った大名は、悔しいからもう一番とろうと考えます。しかし蚊帳のなかでは相撲にならない。蚊遣火《かやりび》（今の蚊取り線香）を焚いたら煙たくて寄ってこない。色々考えた末に「**いいことを思いついた！**」と、もう一番、蚊の精と勝負をします。

大名が思いついた秘密兵器は……？

前の一番と同じように蚊の精が近づいてくると、大名は隠

↑ 大きな団扇で煽がれ、弱ってしまう蚊の精

し持っていた大きな団扇《うちわ》で蚊の精を思いっきり煽ぎます（前頁写真）。蚊の精は風圧に負けて近寄ることができず、弱って飛ばされてしまいます。それで大名が勝ったと喜んでいると、蘇生した蚊がまた寄ってくる、また団扇で煽ぐ。これを繰り返します。最後に大名がこれでもかと団扇で煽ぎまくっていると、怒った蚊の精は針を投げ捨て（血を吸うことはやめて）、大名をむんずと捕まえて引きずり回した挙げ句、放り投げてしまいます。こうして勝った蚊の精は、「**ぷーん**」と飛びながら滋賀へ帰っていきます。

やがて痛々しく起き上がった大名は、悔しくて団扇を投げ捨てますが、そこで目に入ったのが、ボーッとしている太郎冠者。大名は負けた腹いせに太郎冠者をむんずと捕まえ、引きずり回して放り投げ（下写真）、最後には「**ぷーん**」と蚊の精の真似をして喜ぶ、というお話です。

「相撲の果ては喧嘩になり、博打の果ては盗みになる」

↑ 腹いせに大名に投げられる太郎冠者

といいますが、「蚊相撲」は、憎めないキャラクターの大名、最後に投げられて気の毒な太郎冠者、舞台を所狭しと舞う蚊の精、この三者のアンサンブルが楽しいユニークな演目といえるでしょう。

演者の眼 針はグッと

この演目は大名も太郎冠者もむろん大事な役ですが、蚊の精が下手だとまず話になりません。私も得意にしていますが、叔父の演じる蚊の精は当たり役と称されるほどの芸だったそうで、祖父、父、叔父の三人が演じる「蚊相撲」によって、この演目が名曲と呼ばれるようになったといっても過言ではありません。

蚊の精の細長い針は、菜箸のような木の棒に和紙を巻いたものを使用します。相撲をとる前に後見から手渡され、つけている面の**口の部分にグッと突き刺します**。大きい劇場で演じる際は、お客さんにもしっかり見えるように通常よりも大きめの針を使います。ただ一瞬の作業なので、慣れていなかったり針が大きすぎると、途中で針を落っことしてしまうことがありま す。そうなると、お客さんには相撲をとる前から蚊の精が負けてしまったように見えて、血を吸う仕草も迫力に欠けてしまいます。小道具とはいえ大変重要な役割があるのです。

葛桶《かずらおけ》

葛桶は、扇と並ぶ狂言の代表的な小道具の一つです。床几《しょうぎ》（腰かけ）にしたり壺に見立てたり、「柿山伏《かきやまぶし》」という演目では柿の木に見立てることもあります。葛桶は木をくり抜き、漆を塗って蒔絵を施してあったりするため、大変高価で、また重量もあります。蓋を取ることができ、真ん中の掛子《かけご》を抜いて高低を調整することもできます。また、稀に蓋の取れない、床几専用として作られたものもあります。

能楽堂には必ず備品として葛桶の用意があるため、私の兄（五世野村万之丞・後に八世万蔵追謚）は、自分の家の葛桶を持っていかずに失敗したことがあります。

「附子《ぶす》」という演目の本番中に、太郎冠者の兄が蓋を取ろうとしたら、取れない。どうやっても取れない。仕方がないので、蓋が取れないまま無理矢理続けました。次郎冠者の私は後ろでずっと煽いでいました。あとで調べてみると、もともと蓋の取れない葛桶だったんですね。兄も後見も確かめないで本番に入ったので、こういう失敗が起こりました（笑）。何ごとも準備と確認が必要です。

七 奈須与市語《なすのよいちがたり》

見どころはココ

間狂言の代表作

狂言には大きく分けて二つの種類があります。一つは単体で演じられる狂言、もう一つはこの「奈須与市語」のような「**間《あい》狂言**」です。間狂言とは、能のなかで狂言師が演じるものをいいます。能の演目は通常前後二場に分かれているのですが、その「間《あいだ》」、つまりつなぎの役割を狂言師が担うことが多いんですね。シテ（仕手）とかワキ（脇）とかと同じように、略して「アイ」といいます。

能と狂言の関係性について少し詳しくいうと、日本で一番古い演劇が「能楽《のうがく》」、つまり能と狂言なんですが、能楽という名称になったのは明治時代で、それまでは「**猿楽《さるがく》**」と呼ばれていました。猿楽の起源は、古く奈良時代にまでさかのぼります。中国から入ってきた雅楽《ががく》や仮面を使う伎楽、雅楽とは対照的な散楽《さんがく》（滑稽色の強い大衆芸能）などがルーツといわれ、それらが日本に伝わって日本土着の神楽《かぐら》や白拍子《しらびょうし》、傀儡《くぐつ》などと融合して、独自の演劇に発展していきました。

平安時代に書かれた『新猿楽記《しんさるがくき》』には、ほぼ今の狂言と通じる筋書きが認められ、古い時代から狂言の原形があったことが証明されています。一方、音楽や仮面を用いた芸能は、能となって発展していきます。

「猿楽の能」「猿楽の狂言」といわれるように、猿楽は二面性を保ちつつ鎌倉・室町期を迎え、そのなかでそれぞれ役割分担が行われます。能のなかでは、歌と舞を能役者が担い、笑いの役割、時には**「語り」と呼ばれるナレーターの役割**を狂言役者が担いました。能と狂言を同じ舞台で演じることができるのは、源流が同じだからです（ただ、狂言のなかに能役者が出てくることは全くありません）。

「奈須与市語」は、能「八島《やしま》」の間狂言で「語り」のなかでもスペシャルな演目といえるでしょう。『平家物語』でも有名な、香川県屋島で繰り広げられた源平の合戦が話の舞台です。

前半部では、怪しい老人がお坊さんの前に登場し、昔この地で屋島の合戦があったことを我がことのように語って消えてしまい、そのあとに狂言師が演じる里人が出てきます。実は、消えた怪しい老人は源義経《よしつね》の亡霊で、後半でお坊さんの前に義経となって現れ、戦功を舞って威厳を見せます。お坊さんは里人に「昔、この地であった源平の合戦の話を教えてくれませんか」と問うと、里人は「詳しくは知りませんが、古い人から伝わっていることを語りましょう」といって語り始めます。

通常は、三保谷四郎《みほのやしろう》と藤原景清《かげきよ》の合戦の様子を座ったまま語る（居語り《いがた》）のですが、稀に「**小書《こがき》」という特別演出**で、今回紹介する「奈須与市語」を行うことがあります。この場合は「居語り」ではなく、身体表現を伴った語りになります。つまり全身を使ってその物語を語るわけですね。本来は前述のように能の間で演じるものですが、演目として非常に優れていることもあり、この「奈須与市語」を抜き出して単体で演じることもあります。

ではどんな物語を語るのか、詳しく解説していきましょう。

あらすじを見てみましょう

源平合戦の一幕。義経の命《めい》を受ける与市

時は平安時代、源（木曾《きそ》）義仲《よしなか》に敗れた平家は逃れて屋島に陣取り、義経率いる源氏と対峙します。平家は船軍《ふないくさ》が強かったので船に乗って沖に陣取り、一方源氏は水軍を擁していないた

め陸に陣取っている。

　両者の睨み合いが続いているとき、平家方の船が一艘、陸に近づいてきます。その船上では、煌《きら》びやかな着物を纏《まと》った美女が、紅色の地に日の丸を箔押しした扇を船の端に立てて、手招きする仕草を繰り返している（8頁口絵）。そこで義経は家来の後藤兵衛実基《ごとうひょうえさねもと》を呼び出して「**あれはどういう意味だ**」と尋ねます。実基は「義経様が扇をご覧になっているところに、陰から『てだれ』（熟練の射手）が出てきて、義経様を射殺す作戦だと思います」と答えます。これは源氏に対する明らかな挑発行為ですね。

　このままにしていては源氏の名折れになる。そう考えた義経は「我らのなかで、あの扇を射るにふさわしい者はいるか」と再度実基に尋ねます。すると実基が「**奈須与市という弓の名手がおります**」と答え、義経の前に「二十《はたち》ばかりの男《おのこ》」である与市が召し出されます。「あの扇を射よ」と義経は命

↑ 義経の前に平伏して扇を見る実基

じますが（下写真）、与市は分不相応だからと一度は断ります。しかし「ならば鎌倉へ帰れ」と義経に叱責され、与市は肝を据えて扇を射ることになります。武士の世界ですから、失敗すれば切腹の覚悟。**命を懸けた男の一発勝負です。**

与市、命懸けの勝負。そのゆくえは……？

悪天候で波風も激しく、船上の扇は揺れに揺れ、とても的を射るには難しい状況。そんななかでも与市は馬に乗ったまま、ダダダッと海に走り込み、海水をすくって清めの水として、軍神・八幡大菩薩《はちまんだいぼさつ》と那須湯泉明神《なすゆぜんみょうじん》に祈りをささげます。そして失敗したら自害するとの誓いを立て、射ると音を発する鏑矢《かぶらや》を弓につがえ、扇を目がけて射放つのです（次頁写真）。

与市の放った鏑矢は、海にヒュルルーという音をこだまさせながら、**見事船上の扇に的中。**射られた扇は春風にもまれヒラヒラと舞い、海へ落ちていきます。その光景に両軍は、

↑ 与市に扇を射るよう命ずる義経

敵味方関係なく「**射たりや射たりや与市！**」の大喝采。平家方は船端を叩いてその功を讃えます。義経は与市の労をねぎらい、（女性読者には申し訳ないのですが）「奥の間に行って、ちちすわいちちすわい」、つまり褒美に奥にいる女性の乳を吸えと言うんですね（酒を飲めとの解釈もあるようです）。

男を懸けた一発勝負、それを見事やり遂げた奈須与市を讃えるお話です。

四役を演じ分ける力量

狂言師は語り手・義経・実基・与市をたった一人で演じ分け、身体表現を伴いながら合戦の名場面を描写しなければいけません。普通の狂言のような笑いも一切ありません。物真似のような外面的な語り分けではなく、内面からの語り分けが必要で、品格を保ちながら四役を演じなければなりません。

一番の見どころは、切腹覚悟で矢を射て、見事に的の扇を

↑ 鏑矢を射る与市

射落とすところですが、その場面を良く見せるためには、矢を射るまでのプロセスをきっちり語ることが重要なんです。そう考えるとすべてが見どころなんですよね（笑）。クライマックスに至るまでの過程をどう構築していくか。役者にとっては力量の試されるところです。

演者の眼 サラシを巻いて

「奈須与市語」は「抜《ひら》き」（次頁参照）と呼ばれる演目の一つで、狂言師にとって特別なものです。私の初演は十八歳のときでした。フルマラソンに喩《たと》えるなら、息絶え絶えでなんとか完走できたという印象です。しかも最後のトラックに入ったときには、ほぼ息絶えていたんですね（笑）。あれは放った矢が命中して、扇が海に落ちていく場面でした。クライマックスを語ったときに「息ができない。もうダメだ」って完全なガス欠になりまして。最後に平家が船端を叩いて喝采する場面では、ゼーゼー言ってもう全然喝采じゃなくてね。参りました。

当日は腹にサラシを巻いて臨《のぞ》んだんです。父の古いお弟子さんが、腹に力が入るように、とよくサラシを巻いてましてね。それを真似して、武士が出陣するような気持ちで演じました。とはいえ、まあ下手くそで。当時のビデオなんかを見せられたら、恥ずかしくて絶対途中で消しますね（笑）。

狂言小話

披《ひら》き

「披き」とは初演のことで、狂言師のいわば免許のようなもの。和泉流では、十歳から三十歳くらいまでに「千歳《せんざい》」「奈須与市語」「三番叟《さんばそう》」「釣狐《つりぎつね》」「金岡《かなおか》」「花子《はなご》」の六演目を披かないといけません。逆にいえば、これらの演目には狂言師として成長するためのエッセンスが詰まっています。私の長男も二〇一四年一月に「奈須与市語」を披き（下写真）、一七年に「三番叟」を披きます。狂言を表面上上手く見せればいいのではなく、内面を汲み取ることが必要で、今回でいえば『平家物語』、ほかにも『源氏物語』や『伊勢物語』、仏教や日本神話なども知識として習得しなければいけません。

狂言師の芸は、笑いを誘う「芝居」、「奈須与市語」のような「語り」、それに「三番叟」「花子」に代表される「舞歌」と、大きく三つに分類されます。それらが三位一体《さんみいったい》となって、狂言師は形作られます。披きの演目には、この三つがしっかりと組み込まれています。つまり、六つの演目をすべて披いて初めて、この三つの芸が鼎《かなえ》のように支え合って倒れない、一人前の狂言師になれるということです。

八

通円《つうらえん》

見どころはココ

能「頼政」を茶化した演目

この演目は、源頼政《よりまさ》の家来《けらい》で茶人でもあった通円が主人公です。今でも京都の宇治橋のたもとに「通円茶屋」が現存しているので、ご存じの方も多いでしょう。

さて、この「通円」という演目は、和泉流全二百五十四曲のなかで、たった七曲しかない「**舞《まい》狂言**」というジャンルに分類されます。舞狂言は、簡単にいえば**能のパロディ**です。能にはよく亡霊が出てきます。例えば源平の合戦に敗れた平家の武将が亡霊となって登場し、最後にお坊さんに弔《とむら》われて成仏する――よくあるお話ですね。

これが狂言になると、セミやタコなんかが亡霊となって登場します。皮を剝《は》がされてまな板で切られ、天日干しにされてしまったタコが、成仏できずに霊となって現れ、お坊さんに弔ってもらう。狂言師が能と同じように真面目に演じれば演じるほど、能とは違う面白みが湧いて

通円　野村万蔵

きます。

この「通円」も能のパロディで、**能の「頼政」を本歌としています**。「頼政」は、京都の宇治橋で源頼政が平家と勇猛果敢に闘って自害する様を、霊となった頼政が舞い、お坊さんに弔ってもらうというお話ですが、狂言では頼政の家来である通円を主人公として登場させます。そして宇治橋のたもとで旅人や通行人にお茶を点《た》て続けた通円が、あまりの忙しさに点て死にしてしまったというお話にアレンジしてしまうんですね（笑）。

台詞は能と同じように謡で構成されているのですが、その内容もパロディ、つまり替え歌になっています（後述）。ただし「頼政」のパロディだということを知らないと「狂言師が能のようなことをやっている」としか捉えられないため、観客側にも少しは能の知識が必要です。

幽玄な能の世界を、コミカルに演じる「舞狂言」。

↑ お茶を点て続け、点て死にする様を語る通円の霊

能「頼政」と「通円」のあらすじを比較しながら追ってみましょう。

能「頼政」のあらすじを見てみましょう

旅の僧と頼政の邂逅《かいこう》

旅の僧が奈良に向かう途中、京都の宇治の里で一人の老人に出会います。僧は「宇治の名所を教えてほしい」と頼み、老人は平等院に案内します。僧は平等院の境内《けいだい》に扇の芝（庭の芝が扇形に残っている場所）があることに気づき、その由来を尋ねると、かつて源頼政が平家と戦ったあと、ここに扇を敷いて自害したこと、そして今日が頼政の命日であることを告げられます。これらのことを聞いた僧が物思いにふけっていると、老人は「**私は頼政の霊である**」と明かして消えてしまいます。

僧は頼政を弔うために扇の芝に野宿し、夢のなかで頼政を待っていると、華やかな甲冑《かっちゅう》を身に纏った頼政が登場します。頼政の霊は床几に腰かけて、勇猛果敢に平家の武者に立ち向かった様子を舞ってみせます。

狂言「通円」のあらすじを見てみましょう

旅の僧と通円の邂逅

旅の僧が奈良に向かう途中、京都の宇治橋のたもとを通りかかり、お茶と花が手向《たむ》けられた一軒の茶屋を見つけます。不思議に思った僧が所の者に尋ねると、所の者は「昔、通円という茶人がいたが、**お茶を点てすぎて死んでしまった。**今日はその命日だから、弔っている」と答え、旅の僧に弔ってもらうようお願いします。

僧が茶屋の前で通円を弔っていると、柄杓《ひしゃく》と茶筅《ちゃせん》、茶碗を持った通円の霊が登場します。通円の亡霊は床几に腰かけ、自分がいかにお茶を点てすぎて死んでしまったかを、「頼政」と同じように舞ってみせます。

では、次に謡の部分を比較してみましょう。まずは頼政の霊が語る謡から。「通円」ではこの部分が替え歌になります

↑「通円」では後半部分だけを抜き出して、紋付袴姿で演じることもある

から、よく見比べてみてください。

頼政の霊が語る謡

「〽宇治川の戦陣我なりと、名乗りもあえず三百余騎、くつばみを揃え川水に、すこしもためらわず、群れ居る群ら鳥の翼を並ぶる、羽音もかくやと白波に、**ざっざっ**と打ち入れて、浮きぬ沈みぬ渡しけり。忠綱《ただつな》兵《つわもの》を下知《げち》（指図）して曰《いわ》く、水の逆巻く所をば岩ありと知るべし、弱き馬をば下手《したで》に立てて、強きに水を防がせよ。流れん武者には**弓筈**《ゆはず》を取らせて、（中略）**切**《きっ》**先**《さき》**を揃えて、**此処《ここ》を最期と戦うたり。

さるほどに入り乱れ、我も我もと戦えば、頼政が**頼みつる**、兄弟の者も討たれければ、今はなにをか期《ご》すべきと、ただひと筋に老武者の、これまでと思いて、これまでと思いて、平等院の庭の面、これなる芝の上に、扇をうち敷き、鎧脱ぎ捨て座を組みて、刀を抜きながら、さすが名を得しその身とて、

埋もれ木の、花咲くこともなかりしに、身のなる果ては、あわれなりけり

跡弔《と》い給えおん僧よ、かりそめながらこれとても、**他生**《たしょう》の種の縁に今、扇の芝の草の陰に、帰るとて失せにけり、立ち帰るとて失せにけり」。

今度は、通円の霊が語る謡の部分を抜き出してみます。

通円の霊が語る謡

「〽通円が茶を飲みほさんと、名乗りもあえず三百人、口脇を広げ茶を飲まんと、群れ居る旅人に大茶を点てんと、茶杓をおっ取り簸屑《ひくず》（茶の屑）ども、**ちゃっちゃっ**と打ち入れて、浮きぬ沈みぬ点てかけたり。通円下部《しもべ》を下知して曰く、水の逆巻く所をば砂ありと知るべし、弱き者には柄杓を持たせ、強きに水を荷《にな》わせよ。流れん者には**茶筅**を持たせ、（中略）**穂先を揃えて**、此処を最期と点てかけたり。

さるほどに入り乱れ、我も我もと飲むほどに、通円が**茶飲みつる**、茶碗・柄杓を打ち割れば、これまでと思いて、これまでと思いて、平等院の縁の下、これなる砂の上に、団扇《うちわ》をうち敷き、衣脱ぎ捨て座を組みて、茶筅を持ちながら、さすが名を得し通円が、

↑ 頼政では扇を使うところを通円ではパロディとして団扇を使用する

埋《うず》み火の、燃え立つことのなかりしに、湯のなき時は、泡も点てられず

跡弔い給えおん聖《ひじり》、かりそめながらこれとても、**茶生の**種の縁に今、団扇の砂の草の陰に、茶《ちゃ》ち隠れ失せにけり、跡茶ち隠れ失せにけり」。

謡を比較すると、頼政では刀や鎧など合戦の様子を語っているのに対して、通円はそれらを柄杓や茶碗にアレンジしています。また頼政たちが川に打ち入る「ざっざっ」と表現されたシーンも、通円では「ちゃっちゃっ」と茶屑を入れてお茶を点てています。刀の切先は茶筅の穂先にと、まさしく替え歌ですね。

三百人の旅人が茶屋に押し寄せてきて、茶を点てるあまりの忙しさに刀ではなくて柄杓が打ち折れて、死んでいく通円。それを狂言師は、動きも軽妙に能の頼政に真似て演じます。

能と狂言の源流は同じ、つまり同じ基礎があるから狂言師も能と同じように演じられるんですね。頼政という人とその家来の通円の関係をベースに、忠実にパロディに仕立てている。こうしたパロディを好む風潮が中世にあったことがわかる作品といえます。

最近では「頼政」と「通円」を比較するために、連続して企画上演されることもあります。狂言は太郎冠者が出てくるような、笑いをとる台詞や滑稽な仕草が中心だと思われがちですが、「通円」を見ていただくことで、狂言師の演技の幅を感じてもらえるのではないでしょうか。

狂言小謡《きょうげんこうたい》

狂言には「狂言小謡」というものがあります。簡単に言えば中世の歌謡曲。男女の恋愛や同性愛を謡ったものもあります。この謡で舞う舞を「小舞《こまい》」といい、写真のような謡本が伝わっています。

例えば「柳の下」という小謡は「柳の下のお稚児様は、朝日に向かうてお色が黒い。お色が黒くは笠を召せ……」とよくわからない歌詞ですが、現代語に訳すと「柳の下にお稚児様がいた。朝日に向かったら色が黒かった。黒いのはよくないから、笠を召しなさい。尖っている笠、反ってる笠。（中略）吹く笛がお城から聞こえてくる。こっちおいでという笛の音だ」。つまりこれは、城主が稚児を誘っている男色の歌なんですね。それに笠を男性自身に見立てています。尖ったり、反ったり、もうこれ以上は言えません（笑）。

裏にそういうことを匂わせ、庶民が宴席で楽しんだのでしょう。当時のリズムやメロディは今も受け継がれています。能の仕舞《しまい》が五分から十分かかるのに対して、狂言小舞はせいぜい三分から五分くらい。お座敷芸みたいなものがほとんどです。

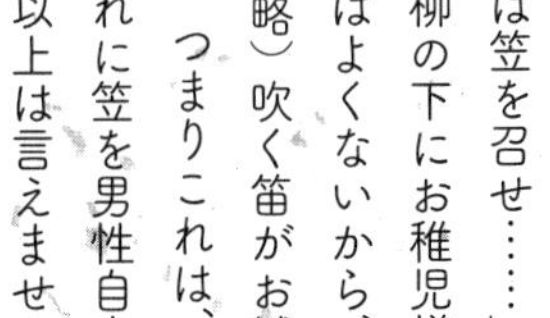

九 二人袴《ふたりばかま》

親　野村万蔵／聟　六世野村万之丞

見どころはココ

和《なご》やかな笑い

ここまで紹介した狂言のなかでも特に痛快でわかりやすく、楽しい狂言がこの「二人袴」。新婚のお聟《むこ》さんが聟入りに行くおめでたいお話です。この場合の聟入りとは婿養子に入るという意味ではありません。中世には、結婚時に相手の家族に会うことのほうが珍しく、結婚後、初めてお嫁さんの実家に挨拶に行くことを**聟入りの儀式**といいました。その聟入りをテーマにした**父子のドタバタ劇**です。

この演目を見たあるお笑いタレントの方が「コントに取り入れたい」とおっしゃったくらい、現代にも通じる動きや仕掛けが多い演目です。

そういう面白さのなかに、親子愛や舅《しゅうと》の優しさなど、いつの世も変わらない普遍的な愛情がほのぼのと描かれています。若干ファーザーコンプレックス気味ですが（笑）。

あらすじ を見てみましょう

主人公の聟、舅の家へ挨拶に

主人公はとても気の弱い、ピュアな心をもつお聟さんです。聟入りの儀式で**舅の家に挨拶**をしに行くことになるのですが、一人では不安だから自分の父親に「**ついてきてください**」とお願いします。父親は「気の弱いこと言わないで、一人で行きなさい」と諭すものの、聟はどうしても聞き入れず、しかたなく玄関までは一緒に行くことにします。

聟は、普段と違った晴れがましい着物を着て、烏帽子もかぶっているのに、どういうわけか袴を履いていません。聞けば、袴は持っているが「**今まで一度も履いたことがない**」とのこと。父親は履き方を教えながら、聟に袴を着せてやります（下写真）。

この袴は**長袴**といって、裾を引きずるほど長いため非常

↑ 聟に袴を着せてやる父親

に歩きにくく、そこで聟のおかしな歩き方やおおげさな方向転換に笑いが起こります。案内を請うた聟はなかに通してもらい、舅と初対面《はつたいめん》。舅はとても優しい人で、「お供の人がいるだろうから、なかに入れてあげなさい」と召し使いの太郎冠者に命じます。すると太郎冠者は「お供はいませんが、玄関先にお父様がいらっしゃってます」と答えます。太郎冠者は聟の父親の顔を知っているんですね。それを聞いた舅が「それは大変だ！ 失礼だから**早くお父様をなかにお通ししなさい**」と言い出し、聟は慌てて「自分が呼んでくる」と制止します。父親はもちろん袴を履いていない着流しですし、それに、ついてきてもらうのは玄関までの約束なのだから怒られるかもしれない、と思ったんですね。「あれは親じゃないんです。私が雇った使用人だから大丈夫です」と言い訳しますが、空気を読めない太郎冠者が「いや、私がよく知ってます。あれはお父様ですよ」と答えてしまいます。

聟と父親が交互に挨拶

聟は仕方なく自分で父親を呼びに行きますが、父親は袴を持ってきていません。そこで聟が履いていた袴を脱ぎ、それを今度は**父親がつけて舅に挨拶**に行きます。そうすると舅は「あれ、**聟殿がいない**」。「では私が呼んできましょう」と父親が呼びに行き、そこでまた袴を履き替えて……と、行ったり来たりのせわしない状況になってしまいます。

一枚の袴を二人で履くために……？

とうとう舅は「一人ずつじゃなくて**二人一緒に呼んできなさい**」と太郎冠者に命じます。これは難問です。何しろ袴は一枚しかないのですから。太郎冠者に「すぐ行きます」と告げつつも父子は頭を抱えて悩みますが、ここで父親に名案がひらめきます。二人で袴の両端を持って「エイエイ、やっとな！」の掛け声もろとも、なんと**袴をビリビリッと二枚に裂いてしまうのです**（10頁口絵）。「一つのものが二つになった！あっはっはっ」と笑っているところへ、太郎冠者が「早く来てください！」と呼びにきたので、思わず袴を前掛けのようにあてて「わかりました！」と答える二人（下写真）。この辺りの間《ま》が本当にコミカルで、笑いが絶えません。

↑ 太郎冠者に見つからないよう、裂いた袴を慌ててあてる父子

袴のない後ろ姿を見られないように、二人はぎこちない動きで舅の前に出ます。やっと全員が揃ったからと、舅の勧めで三人は盃事《さかずきごと》（酒の回し飲み）をすることに。

聟は初々《ういうい》しく素直なだけに失言も多く、そのたびに父親はヒヤヒヤ。例えばお酒を一気にぐいっと飲み、いただいた酒なのに「あーからい、からい！」と言ったり、酒を遠慮する父に「家ではたくさん飲んでるのに」と言ったり。聟のそんな自由な態度にも、舅は気を悪くするどころか「気さくな人だ」と言って、和気藹々《わきあいあい》と話が弾みます。

やがて、また舅から「聟殿は舞がお上手だと聞いています。ここで一つ**舞ってください**」という難問が。舞うの語源は「**回る**」です。回ったら後ろが見えてしまう！ 父子は顔を見合わせて「どうしよう……お父さん」「……気をつけなさいよ」なんて目配せしつつ聟が舞い始めます。一回目は少しだけ動いて「はい、めでたいです！」と無理やり終えてしまい

↑ 袴の後ろ半分がない状態で舞う二人

ます。当然、舅に「短いからもう一度」と言われ、今度は少し長めに舞います。回るところにさしかかると、聟は突然、舅の後方を指して「あれ、あれ！」と言い、舅が思わずそちらを見ている隙にクルッと回ってしまいます。「なぜ回らないのですか？」「いや、息子は回りましたよ。私は見ていました」。しれっと答える父親に「**最後は三人で連舞いにしましょう**」と舅。結局三人で一緒に舞う羽目になります。

第一発見者は太郎冠者

初めは隙を見てクルクル回っていた二人ですが（前頁写真）、途中で太郎冠者が「ん⁉」と二人の袴の後ろ半分がないことに気づきます。思わず噴き出し、笑いながら舅に「**見てください！**」と教える太郎冠者。つられて見た舅も思わず笑ってしまい、二人の笑い声に父子はすべてが露見したことに気がつきます。父子は慌てて裂いた袴を肩にかつぎ、「恥ずか

↑太郎冠者と舅に見つかり、恥じ入りながら逃げるように帰る父と聟

しい、恥ずかしい」と恥じ入りながら逃げていきます（前頁写真）。「ご許されませ、ご許されませ」と去る二人を、舅は嘲笑《あざわら》ったり怒るでもなく「大丈夫ですよ。待ってください、待ってください」と追いかけていきます。

演者の眼 親子の愛

「二人袴」は、必ずしも実の父子で演じるわけではありません。私の場合も、祖父が父役をやってくれたことがあります。舅の役を父がやり、太郎冠者を兄がやったり。今は血縁以外の弟子も増えてありがたいことですが、家族で稽古をして一緒に舞台に上がり、芸を伝承していく、という昔ながらの形の配役が多い「二人袴」はとてもありがたく、嬉しく感じます。

聟は子方の最後の役として家の若い者がやることが多いので、父親と舅はすべてをわかって舞台を支配できるベテランでないと上手くいきません。

「二人袴」は、思い切り笑えるところもたくさんありますが、その楽しさの先に、空気が和むような微笑ましさがあると思います。昔の笑いの良さ、日本にはこんな素敵なものが今も伝わっている、そんなことも合わせて感じていただきたいですね。

狂言小話

狂言の装束づけ

狂言の装束や道具は各家で管理・補修しています。装束をたたむことから始まって、繕い物をしたり、糸針を作ったりする（撚《よ》って強くした糸を作る）ことも若手の仕事です。

装束を着るときは役者同士、互いにつけあいます。同じものを体格の違うさまざまな人が着られるように大きめにできているため、たたんだり、はしょったりして各人の体に合わせます。糸でとめるようなことは極力避け、できるだけ帯一本で、基本的には二人がかりでつけます。つけられるほうも自分の腰の位置や姿勢を常に意識しながら紐を持ったり、手で押さえたりしなければいけません。

まず汗取り・腿《もも》引き（肌着）を上下に着て狂言足袋を履き、そこに胴着《どうぎ》を着ます（下写真）。これは、大事な装束になるべく汗が染みないようにするためです。さらに衿《えり》をかけ、上から装束を着ます。衿は役によって色が違うため、縫いつけずにこの段階で仕込みます。

舞台上の演技はもちろんですが、こういう裏方の仕事も大切な伝承です。

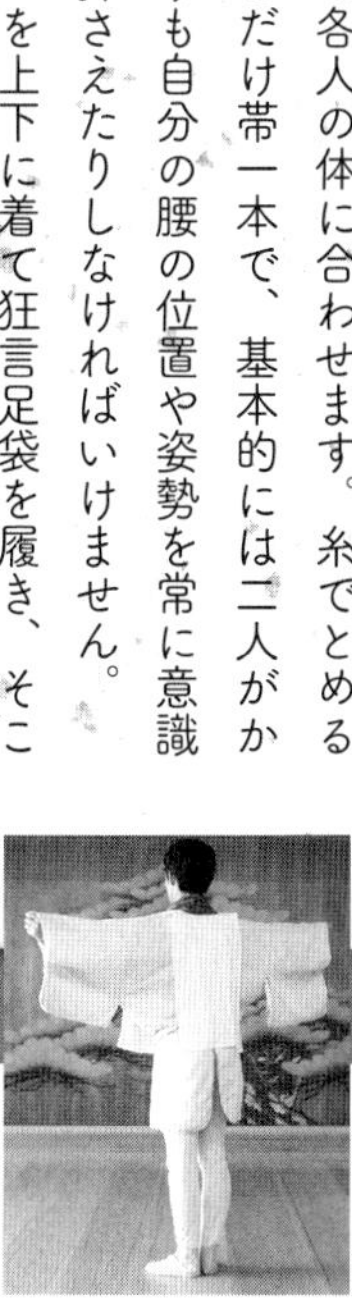

一〇 釣狐《つりぎつね》

伯蔵主　野村万蔵／猟師　野村万禄

見どころはココ

狂言師の卒業論文

日本には狐の鳴き声の表現が二種類あるのですが、皆さんすぐに思いつきますか？　それは雌の「コン」と雄の「カイ（クヮイ）」。狐の鳴き声や狐自体を「吼噦《こんかい》」といい、この「釣狐」も別名「吼噦」と呼ばれます。

「釣狐」は、ひとことで言うと**「常の狂言の真裏《まうら》にあたる狂言」**です。普通の狂言が、明るく楽しく面白い**太陽**のようなものだとすると、「釣狐」は**月**のような、陰の部分をもった狂言といえます。テーマだけでなく、声の出し方や構え方、足運びなど技術面でも正反対です。

数少ない大曲のなかでも、非常に**緊張感が求められる秘曲**で、演者はもちろん、そこに携わる大勢の人々も緊迫感をもって挑まなければなりません。決して失敗は許されない、すごくピリピリと張り詰めた曲で、能の「道成寺《どうじょうじ》」がこれに匹敵するといわれます。そう聞くと「え、狂言にもそんなものがあるの？」と思われる方がいらっしゃるかもしれません。

「釣狐」は、よく「**卒業論文**」に喩えられる、狂言師が一人前になるための関門のようなものなんです。だいたい二十代から、遅くとも三十代くらいまでに「釣狐」に挑戦し、この難関を経て新たな大人の狂言の世界に一歩踏み出す、その節目の曲です。おそらく世界でも五本の指に入るであろう「役者にとって体力的にも精神的にも**非常につらい演目**」だと思います。しかし、それを乗り越えたときに得られる達成感は何物にも代えがたく、また、自分がまわりに支えられていることを再確認するいい機会にもなります。これから狂言を生業《なりわい》として、この家、このチームで一緒にやっていくのだという責任感と自信が生まれるんですね。

人間に恨みをもつ狐の執念と、見破られまいとする警戒心、その緊迫感をほぼ一人で一時間二十分もの長時間演じる、ほかとは違った演目です。

あらすじを見てみましょう

人間に化けた古狐、猟師を説得に

あるところに狐釣りがとても上手な猟師がいて、山に棲《す》む狐をどんどん釣ってしまったため、狐一族最後の生き残りである「**百歳《ももとせ》にあまる**」**古狐**が、なんとか狐釣りをやめさせようと**人間に化けて猟師を説得**にやってきます。

古狐が化けたのは、猟師が尊敬する伯父の伯蔵主《はくぞうす》というお坊さん。伯蔵主（狐）は、自分の姿を水に映して上手く化けられているか確認したり（11頁口絵）、犬の鳴き声にびっくりしたりしながらも猟師の家に向かいます（下写真）。ここでは、狐が化けた伯蔵主の動きで、獣と人間の狭間《はざま》の様子が表現されます。

見破られはしまいかと怖れながらも猟師の家で案内を請い、家のなかに入ると、伯蔵主は狐釣りをやめさせるために、早速猟師を説得し始めます。狐は古来神であるということや、妖狐《ようこ》・玉藻《たまも》の前が「殺生石《せっしょうせき》」になった故事などを語り、**狐の執心の恐ろしさ**を説きます（次頁写真）。

猟師はこの話を聞いて「わかりました。**これからは一切狐**

↑ 犬の鳴き声に驚き、走り回る伯蔵主

を釣ることはやめましょう」と答えます。伯蔵主はさらに「もう釣ることがないのなら、狐を釣るための罠を今捨ててしまいなさい」と言いますが、猟師は「伯蔵主様が帰ったあとで捨てましょう」などと答えます。それでもなんとか罠を捨てさせ、すっかり安心した伯蔵主は「今度私の寺に寄るときはお茶でも飲んでいっておくれ」と言い残し、パッと姿を消してしまいます。

帰り道で罠を見つける伯蔵主

説得が成功し、喜んで家に帰ろうとする伯蔵主ですが、その帰り道、**先ほど捨てさせたはずの罠**が置いてあることに気づきます。それは不審に思った猟師が、捨て掛けという半端な状態で、わざとそこに捨てたものだったのです。

それを見た伯蔵主は**「これが一族の敵か**。このやろう、このやろう！」と思う気持ちと、「ところで**餌《えさ》は何だろうか？**

↑ 狐釣りをやめるよう説得する伯蔵主（狐）

ねずみの油揚げか……」と気になる気持ちがせめぎ合い、つい杖の先で罠をせせってしまいます。そうして杖の先についた餌のおいしそうな匂いをかいでしまったら、もうたまらない。「いかん、いかん！　これで一族皆死んだんだ！」「でも少しだけ……」の繰り返し。

このとき、帰ろうとしたり罠の前まで戻ったり、という所作を三、四度繰り返し、舞台の端から端まで行ったり来たりします。ここが一番の見せ場であり、体力的に一番しんどいところでもあります。

この場面の伯蔵主の動きは、**理性と本能の葛藤**を表現しています。「**気になる、食べたい。けれど、食べたら死ぬ**」という究極の選択を前に、次第に本能が勝ち、人間のお坊さんが狐の本性にどんどん近づいていってしまう様が演じられます。

結局狐は誘惑に負け、本物の狐の姿に戻ってから食べるこ

↑ 狐が罠にかかるのを待ち受ける猟師と餌に触る狐

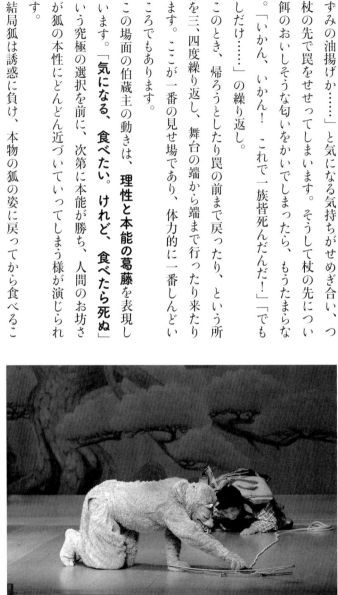

とにして、「クヮイッ！」と吼えて巣へ走り去ります。

そこに罠の様子を見にきた猟師。「あ！ 誰かが罠をせせっている。さっきの伯蔵主、怪しいと思ったが、やはりあれは俺が最後に狙っていた**大物の古狐に違いない**」と気づき、罠をきちんと仕掛け直して待ち構えることにします。

猟師と狐の攻防

そうとは知らない狐は、正体を現わして再び罠のところにやって来ます。このときはもう着物を脱ぎ、最初からなかに着込んでいた狐の姿で、四つん這いで登場します。台詞はありません。**しぐさと鳴き声だけで狐らしく演技**します（前頁写真）。

猟師との我慢比べの末、狐はとうとう罠に掛かってしまいますが（下写真）、結局、上手く罠をはずし、最後に猟師を嘲笑するかのような一声を上げて逃げ去ります。それを猟師が

↑ 罠にかかった狐と猟師の攻防

追いかけて行く、というところでお話は終わりです。

演者の眼　一世一代の勝負

「釣狐」は非常に体力を消耗する過酷な演目です。私は二十五歳で披きましたが、夏にエアコンもないなかで稽古をすると、終わったときには二、三キロほど体重が減っていました。そこまで体をいじめたくなってしまうというか、**狐に取り憑かれたように集中していた**と今は思いますね。

そのくらいの気迫がないと、一族郎党を殺された挙げ句、死と直結する猟師のところへ行く狐の執心は表現できません。

若い頃のような体力を維持し、さらに経験がプラスされれば、より良いものを作ることができます。しかし「釣狐」に限っては、「一世一代の勝負」「死ぬかもしれない」という覚悟で臨んだ最初の舞台が、たとえ拙《つたな》いところがあったとしても、私にとって今までで一番よかったとも思えます。ほかの演目では絶対にこんなことはあり得ません。父と一対一で、毎日のように稽古をつけてもらい一年がかりで作り上げた、**特別な曲**です。

猿から狐へ

万蔵家には「猿に始まり狐に終わる」という修業の過程を表す格言があります。「猿」とは「靫猿《うつぼざる》」のことで、その家に生まれた子どもが子猿役で初舞台を踏む、始まりの演目です。「釣狐」も大変ですが、「靫猿」も三、四歳の子どもにとってはとても大変な演目です。私は前が見えず、舞台から落ちて泣いたことも。本人はもちろん、まわりの人間も大変です。一門総出で上手く導いて、初舞台を踏ませるんです。だから猿をやった人間は、責任感が人一倍強くなると私は思います。

ところで、我々は動物の装束を「皮」と呼びます。皮はつなぎになっているのではなく、上下・手袋・頭と分かれていて、激しい動きをしても取れないようにそれぞれ縫い合わせて使います。一度着たら終わるまで脱ぐことができませんから、トイレにも行けません。その上にほとんど視界がきかない面をつけます。子どもが四十分以上もその状態で演技するのは、想像以上に過酷です。

一一

花子《はなご》

夫　野村万蔵／妻　六世野村万之丞／太郎冠者　河野佑紀

見どころはココ

抜き物の最終関門

この演目は、歌舞伎にこの狂言からとった「身替座禅《みがわりざぜん》」という人気の演目があるので、話の筋を聞いたことのある方も多いと思います。79頁で解説した「**抜き物**」の一つがこの「花子」で、狂言師がとても大切にしている演目です。かといって決して重々しいテーマではなく、夫の浮気話で、そう複雑な筋でもありません。しかし、そういう男女の色恋や嫉妬といった生々しいものを、ただリアルに表現して笑わせるのではなく、謡や舞によって品良くお洒落《しゃれ》に仕上げるところが難しく、そこに抜き物である意味があると思います。

話の筋は、男が花子という名の遊女に会うため、太郎冠者を巻き込んで妻を騙して家を抜け出すというものですが、この狂言に花子自身は登場せず、**二人の逢瀬《おうせ》は謡と舞で表現**されます。花子はどんな女性なのか、どんな逢瀬だったのか、花子は純粋なのかしたたかなのか、などなど、情感たっぷりに表現される後半の謡と舞が想像を掻き立てます。

あらすじ を見てみましょう

太郎冠者を身代わりにして遊女に会いに行く夫

以前、美濃国《みののくに》の野上《のがみ》の宿《しゅく》で酌を交わした花子という遊女が自分をとても好いてくれ、男が住む都まで追いかけてきて「会いたい」という手紙が何度も届きます。男は会いに行きたくて仕方ないのですが、なにせ「**山の神**（**妻のこと**）」がものすごく怖い。しかし今日こそは妻を騙してでもなんとか花子に会いに行こう――そんな男の決意表明から舞台は始まります。

まず妻を呼び出し、「仏道に目覚めたので、俺はこれから回国《かいこく》をする」と嘘をつきます。つまり四国のお遍路のような、寺巡りの修行の旅に出ると言ったわけですね。もちろん妻は承知してくれませんが、一所懸命頼み込むと「一日だけなら」と許可が下ります（次頁写真）。ただし外出は許してくれず、自分の家のお堂に籠って座禅することに。夫が心配でならない妻は見舞いに行くと言いますが、夫は「精神を集中しているところに女が来たら台無しになるから絶対来てくれるな！」と固く言いつけて、まんまと一夜、妻から離れる約束を取りつけるんですね。

夫は喜びつつも、ふと「あいつは賢いから、こっそり見舞いに来るかもしれない」と不安になり、太郎冠者に一部始終を話します。そして「もし妻が様子を見にきたときにお堂がからっぽだと非常にまずい。**お前が俺の身代わりに座禅をしていてくれ**」と頼みますが、太郎冠者はアッサリ断ります。「もしばれたら私は絶対クビにされるから嫌だ」と。

太郎冠者の返答に、夫は「妻の言うことは聞くくせに俺の言うことは聞けないのか！　お前の主人は誰なんだ」と、刀に手をかけて脅します（次頁写真）。こうして無理やり承服させた太郎冠者に、座禅の際に身につける座禅衾《ざぜんぶすま》という衣をかぶせ、「**もし山の神が来ても返事をせず、絶対に衾を取るな**」と命令して、花子のもとに出かけていきます。

夫の様子を見に来た妻が目にしたものは

一方、妻は「やっぱり心配だから少しだけ覗いてみよう」

↑ 承知してくれた妻に、膝をついて礼をする夫

と案の定、様子を見にやって来ます。するとお堂には座禅衾をかぶって窮屈そうにしている夫の姿。気の毒に思った妻が**「その座禅衾を取らせられい」**と座禅衾を取ろうとするので、体でイヤイヤをする太郎冠者。とうとう妻が無理やり座禅衾をはがすと、そこにはなんと太郎冠者！　妻は「**腹立ちや腹立ちや！**」と怒り、夫はどこへ行ったのか太郎冠者を問い詰めます（下写真）。たまらず「花子様のところに行きました」と白状してしまう太郎冠者。それを聞いた妻は仕返しを思いつき、太郎冠者に「お前がしていたのと同じようにこしらえてくれ」と自分に座禅衾をかぶせるように命じます。

そこに何も知らない夫が、花子との逢瀬を終えて浮かれ気分で帰ってきます。夜も白々と明ける頃「〽ふけゆく鐘、別れの鳥も、ひとり寝る夜はさわらぬものを、〽柳の糸の乱れ心、いつ、いつ、いつ忘りょうぞ。寝乱れ髪の面影……」と歌いながら。座禅衾をかぶった妻を太郎冠者だと思い込んでいる夫

言うこと聞かずば、
切り捨てるぞ！
↑ 刀に手をかけて太郎冠者を脅す夫

夫はどこへ行った。
正直に言え！
↑ 妻に耳を引かれる太郎冠者

が「山の神は見舞わなんだか」と聞くと、妻は声を出さずに「来なかった」と頷きます。

さて、皆さんも経験があると思いますが、気分のいいことがあるとそれを誰かに伝えて、分かち合いたくなってしまうのが人の性《さが》ですよね。ここで夫は太郎冠者（実は妻）に「恥ずかしいから、その座禅衾をかぶったまま聞いてくれ」と、よりによって**花子との逢瀬のすべてを話してしまう**んです。そうして夫が小歌を交えて回想する場面は、まるでミュージカルでも見ているようです。

夫と花子の回想シーン

以下は夫の回想です。花子のところに着いて妻戸を叩くと、待ち焦がれていた恨みから、花子はわざと「**誰《た》そ**」などと言う。焦《じ》らすようなやりとりのあと、戸を開けるなり抱きついてくる花子。奥で酌を交わしてまどろむうち、あっという間に時は過ぎてしまい、烏《からす》が鳴き始め……。そんな回想を情緒豊かに語るわけです。目の前にいるのが妻とは知らずに、途中で頭をはたいたり（12頁口絵）、妻の悪口を言ったりしながら。

この、明け方に名残惜しい気持ちを振り払って花子のもとを去っていく場面は一番の聞かせどころ。別れ際に男が花子に「決して心変わりしてくれるな」と言うと、花子はむっくと起き上がり「**男が心変わりしないというのに、女のほうが心変わりするなんてありえません**」と返すのです。男冥利に尽きるというか、こんな女性なかなかいませんよね（笑）。会ってしまったからこそ別れがつらい、そんな切ない気持ちを謡い上げたところで「はい、お話はここまで！」とばかりに場面はパッと切り替わり、現実のシーンに戻ります。御伽噺《おとぎばなし》か絵巻物のような素敵な男女の物語がいきなりビリッと破られる感じですが、これが狂言の面白いところです。

座禅衾をはずすと……

話を終えた夫が座禅衾をはずすと、そこには鬼の形相をした妻がいて、びっくり仰天（下写真）。当然ながら雷を落とされる。夫はこの期に及んで筑紫に修行に行っていたと嘘をつきますが、一日でそんなところに行けるはずもありません。最後は「**ごめんなさい、ごめんなさい**」と逃げる夫を妻が追

↑ 座禅衾をはずしてみると妻が現れて、焦る夫

いかけて終わります。

「花子」は能の「班女《はんじょ》」という曲を下敷きにしていて、その後日譚ともいわれます。わかりやすい展開の話ながら、背景には能の世界観があり、尻に敷かれる亭主と怖い女房、その間で揺れる使用人という図式を、笑いを伴いつつ高尚に表現しています。

演者の眼 バランスが大事

私は三十歳のときに「花子」を披き、四十、五十歳と、ちょうど十年刻みで演じています。「花子」は第一に謡が上手くなければ成立しない演目ですが、ただ技術があればいいわけではありません。年季、つまり経験によって変わる解釈にも大きく左右されます。例えば夫が花子のところから帰ってくるシーン。私は初演のときは、嬉しくて浮かれた雰囲気ではなく、息を込めて思い詰めたように、まるで何か悪いことが起きたのではないかと勘違いさせるような重々しい演じ方をしました。「**嬉しいけれど、悲しい**」という、心をクッと閉じた感じです。ただ、あまりそうすると今度は「せっかく会えたのにどうして?」となってしまう。最近は、もっと明るく楽しい雰囲気を出したほうがわかりやすいかなとも思います。**軽すぎず重すぎず**、経験を重ねることでそのバランスがわかり、余裕が出てきます。

歌舞伎と狂言

「花子」以外にも、能狂言をアレンジして歌舞伎で演じることはよくあります。有名なのは能の「安宅《あたか》」をアレンジした「勧進帳《かんじんちょう》」、ほかに「道成寺」や「三番叟《さんばそう》物」もそうですし、「棒縛《ぼうしばり》」「素袍落《すおうおとし》」などは歌舞伎では舞踊の世界に寄って、踊る場面が見せ場になっています。

歌舞伎ではこのような演目を、能舞台正面の老松が描かれた鏡板《かがみいた》（羽目板《はめいた》・下写真）にちなんで「松羽目物《まつばめもの》」と呼びます。

文楽の「釣女《つりおんな》」は狂言の「釣針《つりばり》」を、落語の「金明竹《きんめいちく》」は狂言の「骨皮《ほねかわ》」を下敷きにしていますし、片や落語の題材を取り入れた新作狂言もありますから、同じ題材をそれぞれの芸能でどうアレンジしているかを見比べてみるのも面白いと思います。

私の祖父は、狂言は能と歌舞伎の中間だと言っていたようです。私はこの言葉を、狂言は能の幽玄の世界や格式にも寄れるし、歌舞伎のように写実の芝居やお客様本位のサービス精神も持たなくてはいけない、そんな風に受け取っています。

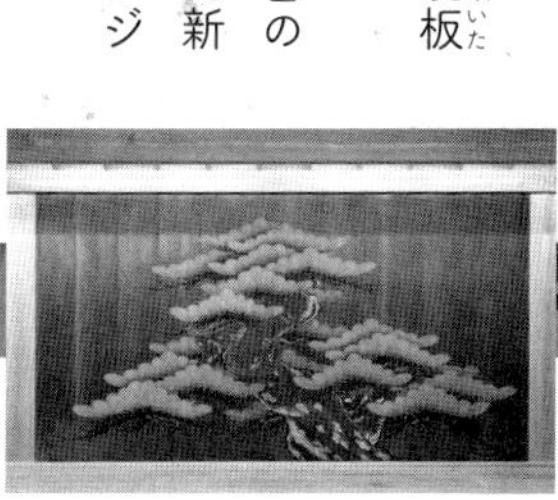

木六駄《きろくだ》

太郎冠者　野村万蔵／茶屋　河野佑紀

見どころはココ

太郎冠者物の名曲

「木六駄」は、新年を迎える時期特有の楽しく晴れがましい気持ちと、冬の厳しい寒さに耐えるつらさ、この二つの要素が描かれた演目です。中世の人々がそれらをどう捉えていたかが、太郎冠者を通して見えてくると思います。今も共感できる人間の普遍的な営みと、現代とは違うルールや感覚、その両方を楽しんでください。

見どころは、太郎冠者が牛を追う場面と、酒宴での「鶉舞《うずらまい》」の場面です。鶉舞は、祖父の弟・九世三宅藤九郎が鷺流《さぎりゅう》（現在は廃絶）に残っていた鶉舞を復活させ、「木六駄」用に演出し直したものです。我が家では初役のときはもともとの「柳の下」というごく短い小舞（87頁参照）を舞い、二度目から鶉舞を舞ってもいいことになっています。

この演目は、太郎冠者が活躍する話のなかでも空間の移動が多く、簡素な能舞台に距離感や寒暖の差が生まれるところも魅力の一つです。

あらすじ を見てみましょう

都への使いを頼まれる太郎冠者

奥丹波《おくたんば》に住む主人が、「都の伯父に、お歳暮として**木六駄と炭六駄**を届けてくれ」と太郎冠者に使いを命じる場面から始まります。「一駄」とは、牛や馬一頭に積める荷物をいいます。ですから「木六駄と炭六駄」は、ここでは牛十二頭分の荷物という意味。車もない時代、峠道を十二頭の牛を連れて鞭《むち》一本で行くなんて「一人じゃとても無理だ。もう一人つけてください」と太郎冠者が抗議するのも無理ないですね。しかし人遣いの荒い主人は「お前一人で行け」と当然のように答えます。今だったらパワハラで訴えられそうです(笑)。その上、樽酒の荷物まで増えて、太郎冠者はへそを曲げます。

そこで主人は「今年の冬は厳しいから、綿《わた》のたくさん入った**布子《ぬのこ》をやろう**。足袋《たび》も履かせてやるぞ」と交換条件を出します。布子とはどてらのような防寒具です。足袋も普段は履いていないということですね。これを聞いた太郎冠者は一転、「嬉しい嬉しい」と大喜びで**使いを**

引き受けます。あんな大変な仕事をこんなことであっさり引き受けるのか、と思われるかもしれませんが、このやりとりから、当時の冬が相当に厳しいものだったことがうかがえます。軽くて暖かいダウンジャケットが簡単に手に入る現代では考えられません。太郎冠者は、主人の伯父への手紙も預かり（下写真）、急いで支度をして出かけます。

牛を追いつつ峠を行く太郎冠者

ここで場面が変わり、老ノ坂《おいのさか》の**峠の茶屋の主人**が登場します。この茶屋の主人は身体が弱く、大雪で誰も通らないけれど、一応店を開けてお茶を沸かし、人が来るのを待っています。そこに蓑笠《みのがさ》を纏い、全身に雪をかぶった太郎冠者が、十二頭の牛を追いつつやってきます。「**サセーイホーセイ**。**チョウチョウチョウ**」と独特の掛け声を掛けながら能舞台を移動する太郎冠者の姿に、いないはずの**十二頭の牛の姿**が目

↑ 使いを引き受ける太郎冠者

に浮かびます。ここは役者の表現力が問われる見せ場です。

太郎冠者は、言うことを聞かない牛たちを一所懸命世話しながら進みます。そのなかで、太郎冠者が笠を少し上げて空を仰ぎ、「**降るわ降るわ。こりゃまた真っ黒になって降る**」と言うシーンがあります（13頁口絵）。雪は白いものですが、白が白に見えないくらいたくさん降っていることを表現しているんですね。山のなかを牛と太郎冠者だけが歩いていて、そこに雪がしんしんと降っている。そんな情景が見えるような印象的な台詞です。

峠の茶屋と、太郎冠者の「鶉舞」

やっとの思いで峠の茶屋に着き、太郎冠者は牛を繋いで、ひと休みします。無類の酒好きの太郎冠者は、芯まで冷えた体を温めるために「**ここで酒を飲もう！**」と立ち寄ったわけです。ところが、この雪で今日は酒を切らしていると言

↑ 鶉舞を舞う太郎冠者と囃す茶屋

う茶屋。がっかりする太郎冠者に、茶屋が聞きます。「お前の持ってる、それは何だ」「これは酒だよ」「**それを飲めばいいじゃないか**」。「これは伯父御様への歳暮だから」と太郎冠者も初めは真面目なことを言うのですが、最後は「**一杯くらい飲んだってわからないだろう**」という悪魔のささやきに負けてしまいます。一杯目は「ひやっとして何もわからない」。じゃあもう一杯だけ、と二杯目を飲むと「うまいし、体が少し温まってきた」。それを見て羨ましそうにしている茶屋に、今度は太郎冠者が酒を勧めてしまいます。本当はよくないことですが、太郎冠者がここまで厳しい寒さに耐えてきたことを知っていると、なんとなく許せてしまいませんか?

さしつさされつ楽しくなった二人は「鶉舞」という舞で盛り上がり（前頁写真）、ついには酒樽一本を空にして、べろべろの上機嫌に（下写真）。ほぼ太郎冠者一人が飲んでいるんですけどね（笑）。気が大きくなった太郎冠者は、茶屋を去る

↑ 伯父に渡すはずの酒をすべて飲んでしまう太郎冠者

段になって、あろうことか「**木六駄をここに置いていく**。一駄はお前にやるから残りの五駄は売って、俺の小遣いにしておいてくれ」なんて大盤振る舞いをします。

「木六駄」はどこに……？

さて、空の酒樽と炭六駄を引いて主人の伯父の家に到着した太郎冠者。泥酔状態ですから「なんの使いで来たんだ」と問われても「知りません」と埒《らち》が明きません。そこで伯父が主人の手紙を読んでみると、「木六駄と炭六駄を贈る」と書いてあります。しかし外に炭六駄はあるが、木六駄がありません。問われた太郎冠者は「この頃、自分の**名前を木六駄に変えました**」と大嘘をつきます（下写真）。つまり「太郎冠者に木六駄と炭六駄を遣わします」という手紙を「木六駄（太郎冠者）に炭六駄を遣わします」だと言い繕ったのです。

樽酒も知らないという太郎冠者の返答を不審に思った伯父

↑ 酔って主人の手紙を覗き込む太郎冠者

が、刀の柄に手をかけて脅すと「すみません、あんまり寒かったので峠の茶屋で**全部飲んでしまいました**」と白状します。「すみません、すみません」と言いながら追われるところでお話は終わり。そのあとの様子は描かれていません。話の複雑な展開や突飛な設定はありませんが、どんな過酷な状況でも楽しくたくましく生きていく庶民の強さが描かれた名曲です。

演者の眼 庶民の味方

この演目は、太郎冠者が牛を追う場面が一番の見せ場と言われますが、必ずしもそれだけが名曲たる所以ではないと私は思います。貴族や武士などの上層階級ではなく、したたかに生きる**庶民にスポット**をあて、その姿が丁寧に描かれているところに狂言らしい魅力があります。

私はこの演目は、太郎冠者と不達者な(体の弱い)茶屋、つまりは身分の低い二人が、生き生きと素敵に見えなければいけない、と思っています。雪で隔離され、寒いのに酒がないからと大事な進物を二人で飲んでしまう。悪いことですが、弱者のそういうつらい立場や、それでも一所懸命生きている姿に、当時の人々が共感し、また救いを求めたのだと思います。

酒や舞歌で元気になることも時には必要ですし、それは現代も変わりません。この演目を通して、今の人たちにも明日を生きる活力を感じてもらえたらと思います。

狂言小話

飲酒の表現

太郎冠者に限らず、狂言には酒好きな人物が多く登場します。酒を飲む場面では、たいてい扇を開いて、徳利《とっくり》と盃《さかずき》を表現します。これは、酒をそんなにしっかり飲まず、品良く飲んでいるような場面に多い手法です。くだを巻いたり、泥酔したりするほど酒を飲む場合は、葛桶の蓋を盃にしたり、つぐのに酒樽を使ったりします。

演じ方も色々で、つぐ形だけをする場合もあれば、「どぶどぶどぶ」といった擬音を口にするときもあります。「木六駄」では、酒樽が空になるときに「ぴしょぴしょぴしょ」と言います。

一度にすっと飲んでしまう場合、ゆっくり味わう場合、酒に飲まれてしまっている場合などで盃の持ち方や肘《ひじ》の張り方をそれぞれ変えていますので、飲酒の演技に注目するのも面白いと思います。

また、酒をつがれたとき、「おぉ、あるある」などと言って盃を下に下げるのですが、これはどうやら万蔵家のみらしく、他家は自然に上げるそうです。万蔵家では距離感が生まれる技術だと理解してやっています。

三番叟《さんばそう》

三番叟　野村万蔵／千歳　六世野村万之丞

見どころはココ

祝禱の儀としての演目

最後に、ここまで解説してきた演目とは少し違った意味合いを持つ「三番叟」をご紹介します。「三番叟」は、近年ではこれだけを単独で演じることもありますが、本来は独立した狂言の演目ではありません。**能の「翁《おきな》」という演目の一部です。**

この「翁」は、よく「**能にして能にあらず**」なんて言われるほど、我々能楽師の間でも特別な曲です。なぜ「能にあらず」かというと、能発生以前の芸能を取り入れたもので、筋のある演劇ではないからなんですね。神様や自然に祈りをささげる儀式であり、謡と舞を中心に構成されています。そして、この「翁」も実は室町時代に世阿弥が演出し直して今の「翁」に形を変えちゃったんです。その前は「式三番《しきさんば》」という名前で「父ノ尉《ちちのじょう》」「白色尉《はくしきじょう》」「黒色尉《こくしきじょう》」という三人の老体の神様（尉）が出てくるものでした。今の「翁」には父ノ尉はなく、白色尉と黒色尉の二つだけなんですが、この「黒色尉」＝「三番目に出てくる尉」という意味の「三番叟」という名前だけがずっと残っているわけです。この「三番叟」は狂言方が演じることに決まっています。現代だと特別におめでたいとき、特に年が明けて最初の舞台ですることが多いですね。

それでは現代演じられている「三番叟」がどういうものか解説していきましょう。

三番叟とは

「翁」の流れ

右で言いましたように、「三番叟」は能の「翁」の一部です。まず①「翁」の露払《つゆはら》い（場を清め、先導する役割）として「**千歳《せんざい》の舞**」があり→②**白色尉**の面をつけた翁が舞い→③「三番叟」の露払いとして「**揉ノ段**《もみのだん》」があり→④**黒色尉**の面をつけた三番叟が「**鈴《すず》の段**」を舞う、という流れです。一つずつ説明します。

まず「千歳の舞」は、あとの白色尉が老体の神なのに対して、若者が直面《ひためん》（素顔）で颯爽《さっそう》と舞います。シテ方が上掛《かみがか》り（観世《かんぜ》流と宝生《ほうしょう》流）の場合はシテ方が演じますが、それ以外の流派ではこれも狂言方が舞うことになっています。

「千歳の舞」が終わると、シテ方が演じる翁が登場し、白色尉の面をつけて「**天下《てんか》泰平《たいへい》国土《こくど》安穏《あんのん》**」を祈って静かで厳かな舞を舞います。

続く三番叟が祈るのは「**五穀《ごこく》豊穣《ほうじょう》**」。人々が飢えなく豊かに暮らせるように願って舞う、日本古来の神事芸ですね。この三番叟も「翁」と同じく「揉ノ段」で若者が若々しく直面で舞って露払いをしてから、「鈴の段」で黒色尉が舞う構成です。「揉ノ段」と「鈴の段」は同一人物が演じます。

エネルギッシュで動きの多い「揉ノ段」

露払いの「揉ノ段」では、若者が力強くエネルギーに満ち溢れた舞を見せて舞台を清めます。そして足拍子というものをバンバン踏みます（下写真）。「地ならし」という言葉があるように、邪気や悪霊が出てこないように地面を踏んで悪いものを封じ込めているんですね。足拍子をたくさん踏むので、

↑ 直面で足を踏み鳴らす「揉ノ段」

「舞う」ではなく「**三番叟を踏む**」とも言います。

型としては、稲を束ねて「ヨイショ」と、かつぐような動きがあります。ほかにも足をぐっと田んぼに突っ込んで引っこ抜いたり、泥を払うような型もあり、稲作に通じていますね。

「三番叟」としてはあとの「鈴の段」のほうが大切なんですが、舞の技術としては「揉ノ段」を一所懸命稽古し、力強くキリッと舞えるようになることも役者としては大事です。

翁の最後を飾る鈴の段

「揉ノ段」が終わると、黒色尉という黒い顔の神様の面をつけ、鈴を持って舞い始めます。ここまで順に舞われてきたものを、三番目の**黒色尉が舞い納める**わけです。老人の舞ですから「揉ノ段」に比べるととてもゆったりしています。ところどころに足拍子もありますが、静かに踏みしめるような動きで、さっきとは正反対ですね。

↑「揉ノ段」の終盤の見せ場、烏跳び（からすとび）

鈴を鳴らすことで万物が喜び、豊かな国になる。やはりこれも農耕の象徴で、**「種蒔き」**という型があるくらいです（次頁写真）。種蒔きで円を描きながら回っていくところは、ある種、呪術的なものを感じます。グルグル円を描くことで高揚していくというか、ゆっくりした動きから徐々にリズムに乗って盛り上がり、神に近づいていくような。

「三番叟」の特徴

「鈴の段」が終わると、最後は面を取って**また素顔に戻ります。**「清水」など面を小道具として扱う曲は別として、「三番叟」以外に舞台上で面を取ったり着けたりすることはありません。人間として出てきて、舞台上で神となって舞い、人間に啓示し、そしてまた人間に戻る。本当に特別な演目です。

また「三番叟」に出演する人は**「別火《べっか》」**といって、演じる前に身を清めなくてはいけません。昔は一週間から一カ月ほ

↑「鈴の段」の初めに、千歳から鈴を受け取る

どやったらしいのですが、今では「三番叟」を演じる機会も増えてきたため、普通は前日あるいは当日の朝だけのことが多いです。具体的には、「翁」出演者以外の人と会わない、会話をしない。女性はもっての外です。ご飯も一人で食べます。私が子どもの時分は、楽屋ですら「翁」の出演者とほかの演目の出演者は「別火」と封印された屏風で仕切られていました。私の祖父は上演当日、移動中のバスだか電車で偶然知り合いの女性と鉢合わせてしまって、声をかけられたのに横を向いてずーっと無視していたそうです（笑）。

上演当日には鏡の間の神棚に神酒《みき》や米、舞台で使用する鈴、刀、烏帽子《えぼし》などを飾っておきます。始まる直前にも「盃事《さかずきごと》」という儀式があって、皆で集まり、神酒をいただきます。お米を数粒食べて塩をまき、最後に火打ち石で身を清めて、舞台も役者も清めてやっと始まる。安易な気持ちでは臨めない、ただの舞踊芸能ではないとわかっていただけると思います。

↑「鈴の段」の種蒔きの場面

演者の眼 精神面と技術面の両輪

私は二十歳《はたち》のときに「三番叟」を披きました。ちょうど成人式の日だったのでよく覚えています。そのときの千歳の役が、私より一つ年上の今の十世片山九郎右衛門さん。当たり前ですが、私よりずっと体がキレて、申し合わせというリハーサルのときには颯爽と格好良く舞われていて、兄に「お前は全然かなわないな」と尻を叩かれた記憶があります。それでも少しでもレベルアップできるように、本番まで父に稽古してもらって、一所懸命でしたね。

経験を重ね、舞踊として見栄えのする「三番叟」が舞えるようになることは、もちろん大事なんですが、「三番叟」は神事ですから、ただ人前で踊るとか見せるだけではなく、観ている人が一緒に高揚し、心が洗われ、空気が神聖になるものでなくてはいけません。

この芸能が生まれた大昔、人間が自然や神を畏《おそ》れていた時代の心を、この平成の世で懸命に考えて、なんとか近づこうとする。人間である我々役者がそれだけの心構えを持って臨めるか、今、五十歳の私が思う「三番叟」の大変さはそこですね。芸というのは恐ろしいもので、そういう考えを常に持っていないと絶対に表に出てきます。単純に舞の上手い人がやればいいというわけでもなければ、神主さんが舞えばいいというわけでもない。両方必要なんです。

囃子方《はやしかた》

狂言は台詞劇なので、ほとんどの演目に囃子方は出てきませんが、「三番叟」では、囃子の奏でる笛や鼓の間拍子《まびょうし》（リズム）をしっかり覚え、呼吸を合わせて掛け声を出すことが大切です。三番叟のほかにも、謡の場面やBGM的に稀に登場する演目があります。いずれも能の囃子よりも略式で、打つ数が少ないのが特徴です。

囃子は基本は笛・小鼓《こつづみ》・大鼓・太鼓の四種で構成されていて、太鼓がない場合もあります。舞台の後方に紋付を着て座っているのが囃子方で、舞台上に登場しながら、役者ではないので柱の外にいます。ただ、使っていないときの楽器は柱のなかに置くので、完全な黒子というわけではありません。

昭和初期くらいまではほとんどの狂言師は囃子や謡のことをあまり知らずにやっていたようですが、私の父くらいの世代から、勉強する人が増え、今の狂言方は自分で鼓を打てる人もいるくらい。そういう意味では、狂言方も台詞の役者としてだけじゃなく、舞を舞えて囃子を知ってと、少しずつ進化しているといえるでしょう。

［対談］

コントの源流は狂言にあり

狂言師・野村万蔵と
コメディアン・南原清隆。
この異色のコンビが織り成す
「現代狂言」。
伝統芸能に新風を巻き起こす
二人の挑戦に迫った。

野村万蔵

南原清隆
なんばら きよたか
一九六五年、香川県生まれ。
横浜放送映画専門学院（現・日本映画大学）に
在学中、同級生の内村光良と
コンビ「ウッチャンナンチャン」を結成。
お笑い芸人として活躍する傍ら、
二〇〇六年から狂言などの古典芸能に挑戦。

初演から十年目を迎えた「現代狂言」について教えてください。

野村（以下野）　私たちの「現代狂言」という試みは、第一部で演じた古典狂言の演目を、第二部でコントとして現代風にアレンジし、そして第三部で新作狂言を披露する——この三部構成で始まりました。「古典狂言とコントの融合」と大きく謳《うた》ったものの、初回の頃はとにかく手探りでね。もう何がいいのか悪いのかわからなかった。そのときは一所懸命考えて「これがいいだろう！」と思って作るんだけど、毎回何かしら反省がある。それに、初めのうちは狂言師の私とお笑い芸人の南原さんという互いのバランスがどうしても気になった。時には張り合ったり、譲り合ったりもしてね。でも最近は、ナンチャンのコントのセンスや社交ダンスなど西洋風なものを上手くちりばめながらも、和風っぽい「現代狂言」というジャンルが、やっと確立できてきたなあという感じです。まさにちょうど今、二人の良さがうまく混ざり合っているんじゃないかなあと思います。

南原（以下南）　そうですね、最初のうちはお互いのこともそんなにわかってなくて。しかも僕は能舞台に立つこと自体が非日常だった。でもそこから古典狂言を勉強していくうちに、だんだんと狂言というものがわかってくるようになりましたね。

そもそも南原さんが狂言を始めたきっかけは何だったんですか。

南　きっかけは、テレビの「ウリナリ」というバラエティ番組でした。番組内でいろいろなジャンルに挑戦する企画があって、その会議中に「狂言はどうか」という話題が出たんです。実は僕は高校時代に狂言を見たことがあって、演目やその所作を見たときに、これは現代のコントに通じるものがあるんじゃないかと思った。だから狂言には興味があったんです。それでちょうどプロデューサーが野村万之丞さん（万蔵氏の実兄）と知り合いだったこともあり、それはいい、じゃあやりましょうということになった。初めての狂言は難しかったですよ。

野　でも楽しかった。

南　そうなんです。狂言をやってみて驚いたのは、「三段オチ」のテクニックが何百年も前から狂言の演目にあったことです。コントでやっていたものの根っこが、狂言にあった。コントの源流は狂言にあり。僕の思っていたことは間違いじゃなかったんです。

野　それで私の兄が、狂言を現代風にアレンジしたら面白いんじゃないかって南原さんに提案したんです。現代人が出てくる狂言を一緒にやろうよと。ついてはその脚本を書いてくれとね。

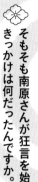

南　それで、わかりました、一回やってみましょうということになって。その後お兄さんが亡くなられてしまったんですが、万蔵先生がお兄さんの遺志を継いで、監修や出演をしながら全体のバックアップをしてくださって「現代狂言」という試みがスタートしたんです。

初めの頃に比べて、南原さんの狂言はいかがですか。

野　すごく上手くなりましたよ。

南　いやいやいやいやいや（笑）。

野　ナンチャンは呑み込みが早い。もともとお笑い芸人としてトップクラスの実力をお持ちだから、芝居のセンスや笑いを取る間《ま》だとかは、もちろん持ち合わせている。でもこの能舞台に上がって、立ち姿の形一つ、摺り足一つ呑み込むのは相当難しい。でも努力して、着実に吸収していった。僕がテレビを拝見していても「ナンチャンは狂言を生かしてくれてるんだな」と思うこと、よくありますよ。

南　確かに。視聴者の方にはわかりづらいかもし

れないですけど、バラエティ番組でも、狂言で学んだことは生きていますよ。例えば、トークのなかでも緊張という糸を張っておいて、そしてその糸をパッと外すんですよ。つまりは緊張と弛緩《しかん》。これが、狂言から学んだお笑いの一つの真義ですね。糸を張ってパッと弛める。そういうテクニックを狂言から学ぶことができた。その真義を学んだことで、芸人として煮詰まっていたものがすっと取れましたね。ただ古典狂言って、さっとやっているように見えて、実に難しい。摺り足だったり姿勢だったりとにかくチェックするポイントがとても多いんです。だから、間違えちゃいけない。そんな緊張感のなかで演じているのに、本番でそのときのお客さんの状況を見て、万蔵先生が演目のなかでちょっとアレンジを加えてきたりするん

「緊張という糸を張って、パッと外す。これがお笑いの、一つの真義」

南原

ですよ。台詞《せりふ》はもちろん一緒。でも間や言葉の音程とかを少し変えるんです。

野 その日のお客さんによって、ほんのちょっとアレンジを加えるだけでも、お客さんの反応が良くなったりするんですよ。

南 もしそれがコントなら、こちらもアドリブで返しますよ。でも狂言ではそうはいかない。普通に演じるだけでもいっぱいいっぱいなのに、そんな万蔵先生のアレンジに対応する技量なんて、まだ持ち合わせてはいませんよ（笑）。一字一句変えてはいけないという制約のなかで、わずかなゆらぎを感じ取る。これは相当レベルが高い。

野 でも、そういう縛られた制約のなかで努力して、そこを飛び出していくことを僕らはやっているんですよね。つまり何もないなかで形作るのではなくて、形あるところでこうやって我慢して、そして崩す。型を学んだ上で崩す。そうやって新作狂言も生まれるんです。南原さんは狂言のなかの制約をちゃんと真面目に捉えてやってくれている。南原さんが手掛けた新作狂言も、能舞台の上

でただ自由にやるのではなくて、いい意味での緊張と弛緩が上手く織り成されてるんじゃないかな。

野村さんがコントをすることもあるんですか?

野　ありますあります。一発ギャグもやらされましたよ(笑)。「現代狂言」では、どシロウト同士がお互いのジャンルに挑戦するんです。そりゃ自分のフィールドである狂言ではプロだと思ってますが、コントでは……。

南　人間・野村良介(万蔵氏の本名)が出てくるんですよ。それがまたチャーミングで。驚いたりあたふたしたりする野村万蔵は、ふつう能舞台では見られないでしょ。

野　ぼくはコントでもボロが出ないよう、きちんとパーフェクトに稽古をやってるのに、いきなり

「臨機応変にできたときの昔の狂言を原点に戻って学んでみたい」
野村

アドリブで振られたりするもんだから、あたふたする（笑）。それにこの前はひと昔前のテレビのディレクターみたいな役で、ピンクのカーディガンを着せられてね、恥ずかしいったらありゃしない（笑）。でも芝居で「驚き」というのは重要な要素。マンネリの反対の「驚き」を芸として出していっていい。ただ内輪で学芸会みたいに「楽しいな」ってやってるんじゃなくて、普遍的でいいものに昇華させていかないといけない。かといって古典狂言の衣装のままでコントをするだけでは、挑戦という色が薄くなってしまうし、逆に能舞台で現代のコントをやってるだけでは、単に場所を変えたにすぎない。このせめぎ合いでずっとやっているわけですよ。批判もありましたが、こんなことやっていいのか、いや、いいんじゃねえか！　と今までやってきたんです。

南　確かにそうですね。

野　それに今はね、コントでアドリブをやっていますけど、狂言も発生当初はアドリブをやっていた時代があった。でもいつしか台本ができて固定

化されて「間違えてはいけない」世界になっていってしまった。僕はこの「現代狂言」を通して、狂言の出発点、なんでも臨機応変にできたときの狂言をもう一度学んでみたいなと思っています。他の芸能や「道」のつく世界でも同じ。作法はあるし、順序もある。その原点をたどれば、人をもてなすために生まれた作法だったりするわけじゃないですか。そこを忘れて、ただ順序が違うとかあーだこーだやってしまっては、意味がなくなってしまうと思うんですよ。真面目に稽古をやればやるほど、そういう落とし穴に陥りやすいんですよね。その作法、その順序がなぜそうなったのかを知ることが大事。先人の知恵や歴史の積み重ねがあって作法はある。そこには必ず意味があるんです。

最後に、「現代狂言」の魅力を教えてください。

野　抹茶を飲んでチョコレートケーキを食べる楽しさとでもいうんでしょうか。違和感を感じながらも食べてみたら、おいしくて目からウロコ。そんな舞台に仕上がっています。和の伝統を追求しているだけじゃなくて、そこに挑戦してはみ出そうとしている我々のエネルギーを、ぜひ感じにきてほしいと思います。

南　この舞台は、お客さんの年齢層が幅広い。四、五歳の子どもからおじいちゃんおばあちゃんまで全員が全員楽しめる舞台って、ありそうでなかなかないんですね。敷居が高いと思う方もいらっしゃるかもしれませんが、ぜひ、気楽な気持ちでお越しいただければ嬉しいですね。

（月刊『なごみ』二〇一四年一月号掲載）

野村万蔵家のはなし

左から野村万蔵・野村萬・野村万之丞（撮影時、野村虎之介）

◉六世万蔵との思い出

野村万蔵家は、三百年ほど前に金沢の地に始まり、私で九世を数えます。初世万蔵は、享保七年（一七二二）に八田屋次左衛門の二男・八十郎として生まれました。加賀藩六代藩主・吉徳のお雇い狂言師だった三世三宅藤九郎に入門し、十四歳で町役者になります。以後も、歴代が狂言役者として町役者筆頭の棟取役を仰せつけられ、加賀藩に仕えていましたが、明治十八年に私の曾祖父である五世万蔵（万造）が東京に移り、今日に至ります。五世は明治維新後の厳しい時勢のなか、鉄道会社に勤めながら舞台を続けて家を支え、還暦になって家督を長男の万作に譲りました。私の祖父です。

祖父である六世万蔵は、近代の名人と謳《うた》われ、自ら狂言面や能面も打ち、昭和四十二年には人間国宝になりました。私たち孫世代は、全員祖父の稽古を受けましたが、皆祖父のことが大好きでしたね。侍のように厳格な反面、酒を飲んだ太郎冠者などを演じるととても愛嬌があって……本当に洒落《しゃれ》た愛すべきキャラクターだったと思います。祖父の稽古は、厳しいけれど、楽しさや達成感といった前向きなことを感じさせてくれるもので、だから私は狂言を続けられたのかもしれない。それは今も、私の息子を父が稽古してくれるのと同じように、祖父と孫の関係なんだと思います。

地方の仕事では必ず一泊して、一緒に俳句を詠んだり、仕事以外にも祖父とは色々な思い出があります。祖父のまわりはいつも賑やかで笑い声と日本酒がありました（笑）。寝るときも枕元に日本酒を置いているような人でね。でも「わしゃ酒は飲まんぞう（万蔵）」なんて言ったりして。駄洒落が好きでしたね。

中学一年生の頃、祖父が亡くなったんですが、夢にしょっちゅう出てきて、私は一週間くらいめそめそ泣いていました。おじいちゃん子だったんです。そんな大好きな祖父との稽古でも、一度だけ嫌で嫌で逃げ出したことがあります。小学校四、五年くらいのとき、目白駅まで逃亡しました（笑）。姉に連れ戻され、二階の、祖父が普段面を打っていた部屋に行って謝ったんです。その木屑だらけの部屋で背中を向けたまま、祖父は「下で待ってろ」とだけ言って、そのあと稽古をしました。細かいことは覚えていないのですが、その場面だけ非常によく覚えていて、私の一つのターニングポイントだったんだと思います。

◉父と兄と

父である七世万蔵の稽古は、「やらなければ終わらない。逃げたら人前で恥をかくのみ」ということを私にわからせるための稽古でした。例えば、間違えれば六世はわかりやすく怒り、すぐ正解を教えてくれましたが、父の場合は、思い出すまでずっと時間を与えられる。生殺しですよ。全然優しくない（笑）。そうやって私が「なにくそ！」と乗り越えるべき存在でいようとしてくれているんでしょうね。

私は、兄の万之丞が襲名直前の二〇〇四年に急逝したため、急遽襲名することになりました。兄は、人の敷いたレールの上を歩くのが大嫌いな人で、常に反抗してまわりと違うことをやっていました。だから私は、兄のサポート役として、家のなかの地道な仕事や細かい作業をやらざるをえない、そういう関係性でしたね。

よく兄が私に「俺にはアクセルしかないから、お前がブレーキを踏んでくれ」と言っていました。兄はどんどん邁進して、人を巻き込んでいく。兄を注意したり、怒ったりする人はまわりにいなかったから、私が口うるさい女房みたいでした。昔ながらの稽古や興行形態、古典の大事さみたいなことを父と私が守っているときに、兄は「こんなんじゃ発展性がない！」とぶち壊して、「世界を見るんだ！　人がやってないことをやるんだ！」って。少しずつじゃなくていきなりやる人だったんでまわりはずいぶん迷惑してましたね（笑）。私から見れば、焦って先を見すぎていたな。兄いわく「自分は石橋を叩かずに渡る、父は叩いても渡らない。おまえは叩いて少しずつ渡る」だそうです（笑）。でも兄がいない今、私は叩きながらでも前よりは速く渡るようになりました。

◉長男の襲名とこれから

このたび、私の長男が二十歳になって万之丞を襲名します。以前の父と兄との関係のように、父が息子と昔ながらの芸を受け継いでいってくれれば、今度は私が新しいことにチャレンジしていく、そういう年齢になったんだと思っています。

これから、父は孫を教える楽しみのなかで、自分の晩年の芸を追求していくはずです。私も息子にはもちろん稽古しますが、舞台も含め、私がやっているさまざまなことを見て、何かを感じていってほしいと思います。あとは親子の関係でなく、稽古と舞台のなかでしゃべる言葉がすべてになっていくんでしょうね。

私がこれから一番やりたいことは、六十歳、七十歳になっても自分の芸を見失わずに鍛えていくことです。そのためにはもしかしたら新しいことなんてやっている暇はないのかもしれない。でも、何より、現代の人が「わ！　見たい！」と思ってくれるものをやっていきたいんです。今、流儀や家の垣根を越えた「立合《たちあい》狂言会」というものを何度か試みています。そういう、狂言師各々が培った自分たちの狂言で新しい作品を作ったらどんなものになるかという挑戦は必ずしたいと思っています。でもそっちが大成功したからといって、古典をおろそかにしたら本末転倒。両方が刺激し合えるようになれば最高ですよね。

野村万蔵家系図

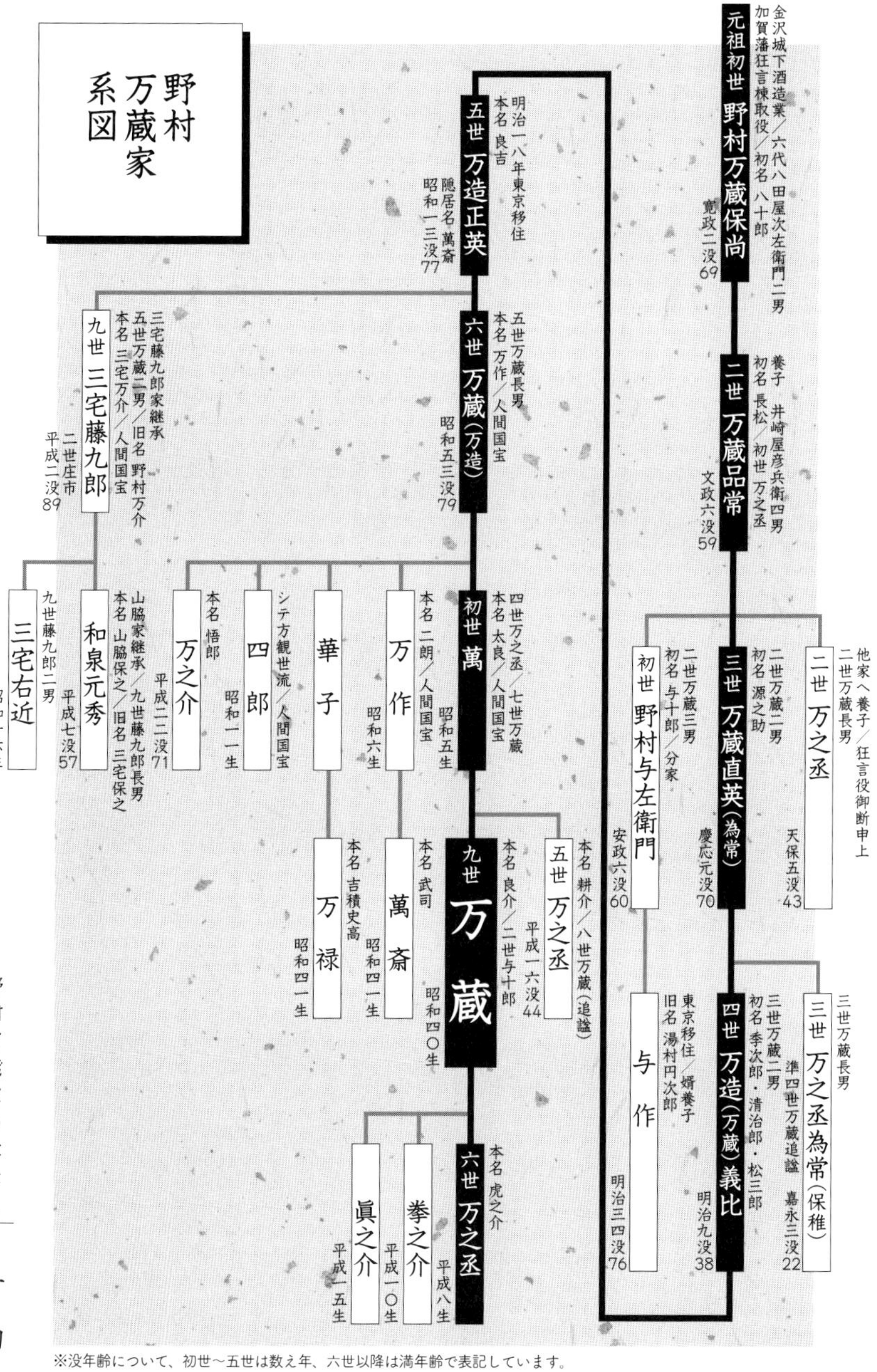

※没年齢について、初世～五世は数え年、六世以降は満年齢で表記しています。

おわりに

　この狂言入門書には十三曲の演目を取り上げましたが、狂言には和泉流に約二百五十曲、大蔵流に約二百曲の古典が伝わっていて、明治以降に各家で作られた新作を加えるとおそらく四百曲ほどの演目があると思われます。現在も引き続き多くの新作が各家より発表され、私も古典を追求していくことは勿論ですが、これからもさまざまなジャンルの方々との意欲的な試みも含め、現代に求められる狂言のあり方や未来への可能性を探る新作も作り続けていきたいと思っています。

　とはいえ素晴らしい古典も新作も、やはり上演機会と多勢のお客様に恵まれなければ役者として悔しい限りです。興味はあるけどいつどこで見られるのかわからない、またこんなに面白いのに一回だけとはもったいない、という声をたくさん耳にします。これは能と狂言が現代劇や歌舞伎などと違い、場所も演目も役者も毎回違う一回きりという上演形態のため、会場と人のおさえや宣伝費を多くかけられないことが大きな理由のように思います。しかし、一回きりの舞台は役者にとっては常に新鮮な緊張感があり、国内だけでなく世界のいろいろな場所に行けるのもありがたいことです。

このように能狂言界は長い歴史や先人の足跡を大切にしながらも、決してただの繰り返しと思われぬよう、現代の人々に必要とされる努力をし続けなければいけないと深く思います。日本が世界に誇る能と狂言をぜひ一度は観にいらしてください。この本がそれを楽しく観られる手助けになれば幸いです。そしてできればもう一度くらいは……。

平成二十九年一月

九世　野村万蔵

野村万蔵

のむらまんぞう

1965年、東京都生まれ。人間国宝・野村萬(七世万蔵)の二男。四歳のとき「靭猿」で初舞台。2005年、九世野村万蔵を襲名、万蔵家当主となる。国内外で狂言を上演。古典以外にも復曲新作の狂言や現代劇にも出演し、演出も手がけるなど、幅広く活動。重要無形文化財総合指定者。

野村万蔵の狂言へござれ

平成29年1月27日　初版発行

著者　◉野村万蔵

発行人　◉納屋嘉人

発行所　◉株式会社 淡交社

【本社】〒603-8588　京都市北区堀川通鞍馬口上ル

営業 (075) 432-5151

編集 (075) 432-5161

【支社】〒162-0061　東京都新宿区市谷柳町39-1

営業 (03) 5269-7941

編集 (03) 5269-1691

http://www.tankosha.co.jp

印刷・製本◉図書印刷株式会社

　ISBN 978-4-473-04163-0

撮影　◎寺島由里佳

写真提供◎P79、100〜101、裏表紙　萬狂言(撮影／赤坂久美)

P137 美しいキモノ2015年冬号掲載(撮影／宮川 久)

デザイン ◎大久保裕文＋村上知子(Better Days)